本当にお金が増える46のコツ

貯金はこれでつくれます

節約オタク
ふゆこ

アスコム

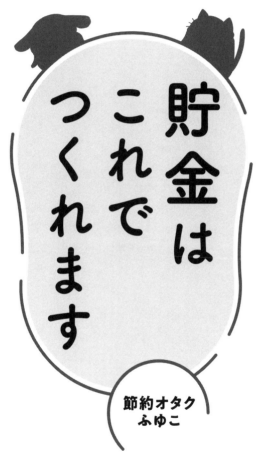

買い物で会計の順番を待っているとき、
自分の前に並んでいる人が
モタモタしているとイラっとする。

電車のなかでスマートフォンや
携帯電話を使っているとき、
電波が悪くなるとイラっとする。

日常生活のなかで、そんなことはありませんか？

もし、そのような場面ですぐにイラっとしてしまうとしたら、
あなたは、お金が貯まりにくい
「浪費メンタル」かもしれません。

はじめに――「浪費メンタル」のままではお金は増えない

はじめまして、節約オタクふゆこと申します。

わたしは「節約オタクふゆこ」というコンテンツを運営している、いわゆる「ＹｏｕＴｕｂｅｒ」です。


26歳のときに節約生活をスタートし、29歳までの約４年間で資産１０００万円を達成することができました。そのプロセスや考え方、具体的なテクニックをブログやＹｏｕＴｕｂｅで発信しています。


さて、冒頭のエピソードについて。

「貯金や節約とは、まったく関係ない話じゃないか」

そう思うかもしれません。でも実は、大きく関係しているのです。

その理由は、「すぐに感情で反応してしまう人」だからです。

例えば、こんな経験はないでしょうか。

誰かと待ち合わせをする前にちょっと時間ができて、洋服屋さんをのぞいてみたら、とても素敵な服が目に飛び込んできた。

「これは運命の出会いだ！」と勝手に思い込み、ついつい衝動買い。

あるいは仕事帰り、特に目的もないのにコンビニにフラッと立ち寄ると、新発売のスイーツやドリンクがおいしそうに見えて、つい買ってしまう。

「おいしそうだなあ。今日も遅くまで残業を頑張ったし、ご褒美に買っちゃおう！」

こんなふうにして、感情と欲望のままに「反応」してしまう。そんな「浪費メンタル」を持っていると、お金を貯めることはできません。

浪費の大半は、「感情の反応」です。

「話題の新製品を試してみたい」とか「ストレスを解消したい」というような感情から起きているのです。

一方で、お金が貯まる「貯金メンタル」の人の行動はこんな感じです。

洋服屋さんで素敵な服と出会っても、一時の感情に任せて飛びつくことはありません。まず、自分と冷静に対話をします。

「わたしは本当にこの服がほしいのか？」

「この服、本当に必要？　いま持っている服で十分じゃない？」

それでも迷うときは、ひとまずその場から立ち去り、時間をおいて、さらに冷静になってから判断をします。

また、目的もなくコンビニに行くことはありません。もし、うっかり立ち寄ってしまったとしても、「お菓子も飲み物も家にあるよね。これから晩ごはんも食べるし、間食は太るからやめたほうがいいな」などと考え、その場で反応せずに立ち止まって考えることができます。

このように、「感情や欲望を冷静にコントロールするメンタル」が備わっているのです。

お金の使い方は、その人のメンタル、つまり心と連動しています。

なにかをほしいと思い、買うという意志決定をするときは、自身の性格やそのときの精神状態が反映されます。

特に、**浪費や無駄遣いをしてしまう傾向にある人は、感情に流されやすく、ストレスを理由に浪費を正当化する、「浪費メンタル」になってしまっている**のです。

かくいうわたしも数年前までは、すぐ感情に振り回され、ストレスを感じやすい浪費メンタル人間でした。
仕事のつらさもあり、どうでもいいことでイライラしたり、それを発散するために衝動買いや浪費を繰り返したりしてしまっていたのです。
結果、ろくに貯金もできず給料日前はいつもカツカツ……。そんな自分に嫌気がさして、さらにお金を使うことで鬱憤を晴らそうとするという悪循環の日々を送っていました。

そんなわたしがお金とのつきあい方を変え、貯金メンタルを身につけることができたのは、浪費メンタルをリセットする時間をつくったからです。
その時間に**「わたしらしいお金の使い方とはなにか？」「わたしが一番大切にしたいものはなにか？」を徹底的に考えた**のです。

それまでにも何度も何度も「このままじゃいけない、貯金をしよう！」と決意して、いろいろな節約法を試してみたことはありました。でも、「我慢ばっかりでつらい！」という気持ちになり、あっという間に挫折。

いま思うと、それは当然だったと思います。ただ「節約をしよう！」と思っていただけで、自分自身の気持ちと向き合えていなかったのです。

「自分と向き合う」という時間を取らずに節約テクニックの上辺だけを真似しようとしても、成果を出すことはなかなか難しいと思います。

それは、病気や不調の原因がわからないまま、対症療法でなんとかしようとしているようなものだからです。


お金を貯めたければ、やみくもに目先の節約法に飛びつく前に、まずメンタル。

メンタルを整え（不調の原因を突き止める）、その次に節約の技術（治療）を実践していく。**この順番がとても重要です。**


限られたお金でやりくりをするためには、取捨選択が必要になります。

例えば、「洋服が大好きだから、好きな服をたくさん買いたい」のであれば、洋服の優先順位を高めたぶん、ほかのものにかけるお金を減らさなければばいけません。

浪費時代のわたしにはその発想がまるでなく、自分の人生や生活のなかでの優先順位が決まっていませんでした。


雑誌やＳＮＳで「売れています！」「これが流行り！」という広告を見ると、ついつい流されて服やバッグを買ってしまう。「みんな行っているから」という理由で、そんなに気乗りしない飲み会に顔を出してしまう。

部屋には着ていない服や使っていないバッグが山積みとなり、飲み会の翌日は、「あんまり楽しくなかったな、行かなければよかったな……」と後悔ばかりしていました。

それもこれも、**優先順位が曖昧《あいまい》で、その場の感情やストレスに任せてお金を使っていたから**です。

お金の使い方の優先順位をつけるには、**「自分はなにを大切にし、なにに対してお金や時間を費やしたいのか」という自分軸**

を持つ必要があります。

また、ストレスに振り回されないためには、「いま、自分はなににストレスを感じているのか？」「そのストレスは、どこからやってくるのか？」を把握するために、自分自身の心と向き合う必要があります。

●「なにを大切にしたいのか？」という自分軸と優先順位を決める
●ストレスの原因を明確にする ⬅
●感情の反応による消費がなくなる ⬅
●「浪費メンタルが貯金メンタルに変わる！」

このようなステップです。

この作業は、ちょっと面倒に思うかもしれません。

でも、これを最初にやり切ると、**自分が本当に大事にしたいモノやコトにお金や時間を使える**ようになります。

お金もしっかり貯められて、人生に対する満足度まで向上するという、とても嬉しい結果を得ることができるのです。

貯金メンタルを整えたうえで、様々なテクニックを用いて、お金を「使わない仕組み」を作っていくことができると、貯金はどんどん増えていきます。

本書では、「借金あり・浪費癖あり・貯金なし」だったわたし・ふゆこが、貯金メンタルにチェンジし、まとまった資産をつくれるようになるまでに考えてきたこと、やってきたことを余すところなくお伝えしたいと思っています。

「節約に取り組んでみたことはあるけれど、三日坊主で終わってしまった」
「いろんな貯金テクニックを試してみたのに、全然お金が貯まらなかった」

という、「過去のわたし」のような人にこそ、読んでいただきたいです。

人生において、なにを大切にしたいかは人それぞれなので、「こうだ！」という正解は存在しませんし、本書で紹介する内容も「これだけが絶対に正しい」というものではありません。

「自分には別のやり方や考え方が向いていそうだぞ」と感じた場合は、模索しながら自分に合ったものを探していくといいでしょう。

でももし、「自分でもできそう！」「やってみよう！」と前向きになれる要素があれば、なにか1つでも、ぜひ試してみてほしいと思います。

わたしと一緒に「貯金メンタル」をつくり、あなたの毎日をもっともっと楽しく幸せなものにしていきましょう！

貯金なし・借金あり・浪費癖ありからはじめた

わたしの貯金ヒストリー

わたしは大学院で物理学を専攻したのち、24歳で就職。
しかし、節約も貯金もまったくできませんでした。
そんなわたしが、転職を機に始めた節約生活で状況が一変！
この本では、ズボラでめんどくさがりや、浪費家だったわたしが、
29歳で資産1000万円を達成するまでにやってきたことや、
考え方をご紹介します！

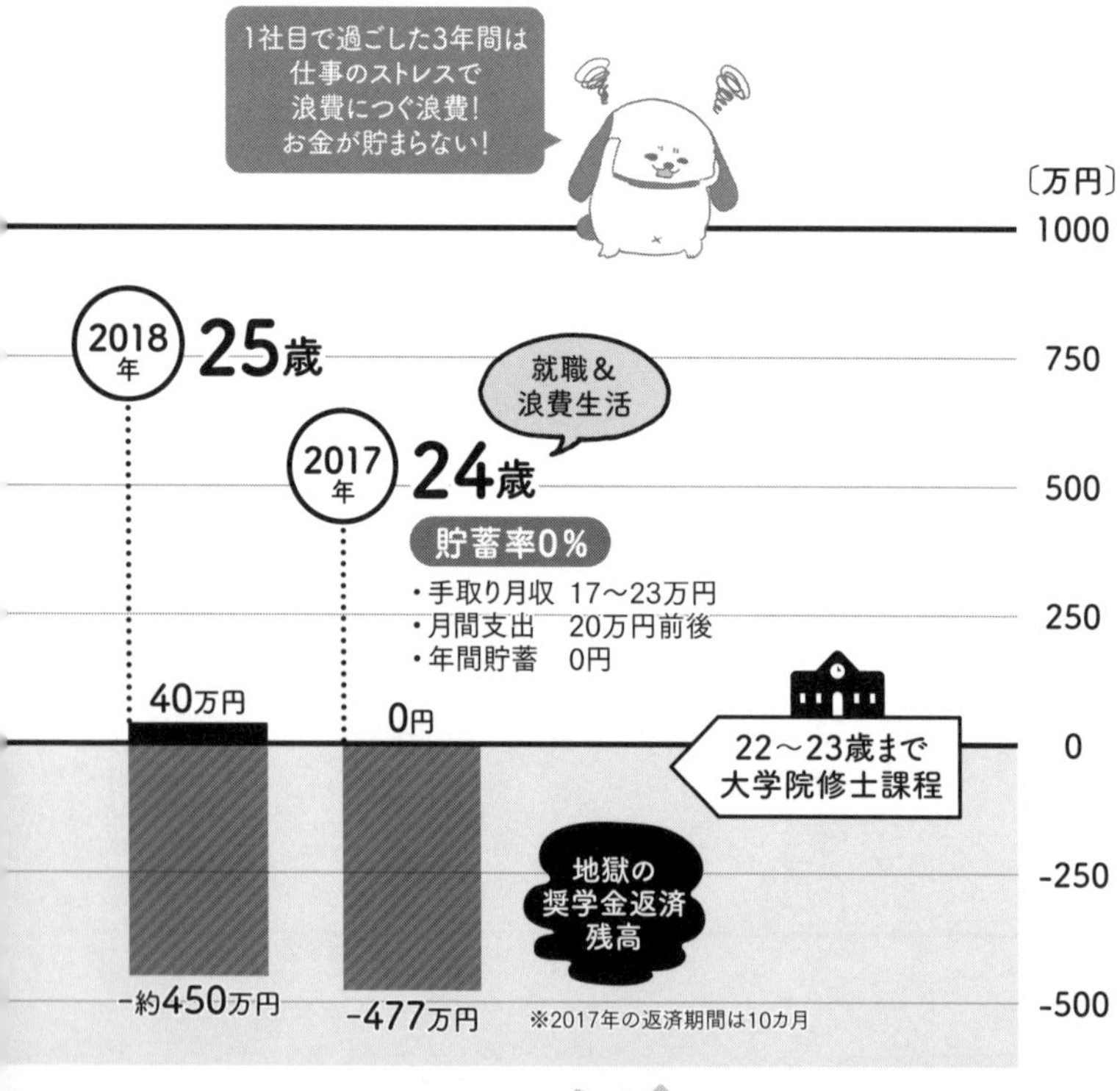

1社目で過ごした3年間は
仕事のストレスで
浪費につぐ浪費!
お金が貯まらない!
〔万円〕
1000
750
500
250
0
-250
-500
2018年 25歳
就職＆
浪費生活
2017年 24歳
貯蓄率0%
・手取り月収 17〜23万円
・月間支出 20万円前後
・年間貯蓄 0円
40万円
0円
22〜23歳まで
大学院修士課程
地獄の
奨学金返済
残高
-約450万円
-477万円
※2017年の返済期間は10カ月

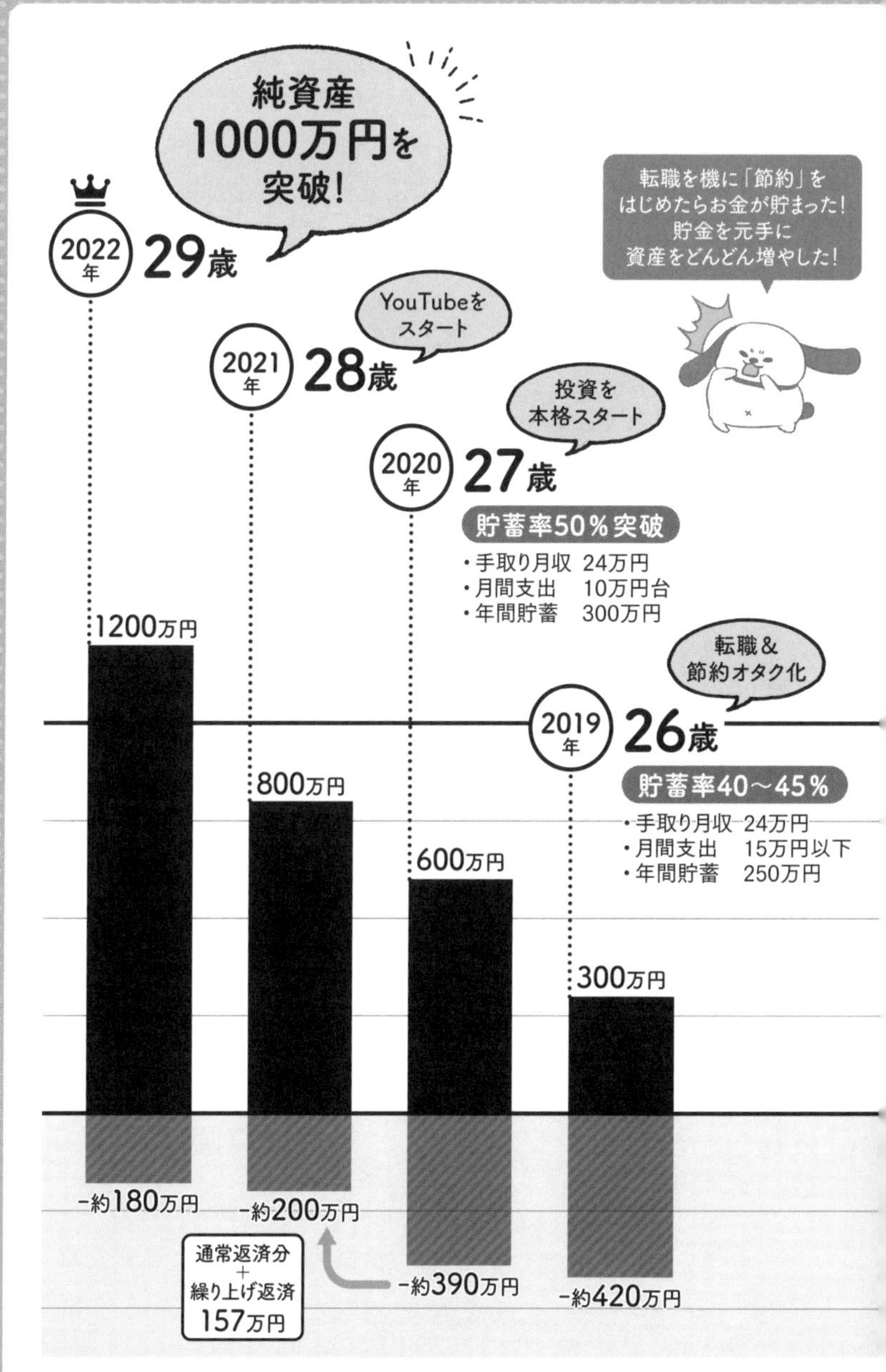
純資産
1000万円を
突破!
転職を機に「節約」を
はじめたらお金が貯まった!
貯金を元手に
資産をどんどん増やした!
2022年 29歳
YouTubeを
スタート
2021年 28歳
投資を
本格スタート
2020年 27歳
貯蓄率50%突破
・手取り月収 24万円
・月間支出 10万円台
・年間貯蓄 300万円
転職&
節約オタク化
2019年 26歳
貯蓄率40〜45%
・手取り月収 24万円
・月間支出 15万円以下
・年間貯蓄 250万円
1200万円
800万円
600万円
300万円
−約180万円
−約200万円
−約390万円
−約420万円
通常返済分
+
繰り上げ返済
157万円

貯金はこれでつくれます　本当にお金が増える46のコツ●目次

第2章

人生を変えた「節約生活」との出会い

第3章

初心者でも続けられる！節約の超基本【固定費削減編】

第4章

お金を「使わない仕組み」をつくる【変動費削減編】

第5章

お金を貯める選択肢と手段を増やす【投資・副業編】

※本書の内容は、2023年11月20日時点の情報に基づいています。本書刊行後、法改正などにより、内容が変更になる可能性があります。
※掲載しているデータは、わかりやすくするために一部簡略化など加工をしています。
※本書は、特定の金融商品の推奨や投資勧誘を意図するものではありません。著者個人の経験であり、読者の利益を保証するものではありません。投資の判断は、最新の情報を確認し、ご自身の判断と責任で行ってください。

第1章

貯金は「メンタルが9割」

SAVING MONEY

お金が貯まらないのは、本当に収入のせい？

「贅沢はしていないのに、お金が全然貯まらない」

「給料日前になると、いつも生活がカツカツになってしまう」


そうなってしまうのは、なぜだと思いますか？

「会社が給料を上げてくれないから」と考えている人がいたら、〝原因〟としては合っているケースも多いのかもしれませんが〝考え方〟としてはおそらく間違いです。

かつてのわたしは、まさにそう考えていました。

「会社が給料を上げてくれれば、もっと余裕のある生活ができるし、貯金だってできるはずなのに」と、イライラしたり悲しくなったり……。その考え方が間違っていることに気づいたのが、わたしが貯金メンタルに変わる第一歩でした。

もちろん、人それぞれいろいろな事情があるので、本当に収入が足りなくて生活が苦しいという人もいるでしょうし、病気の治療費などでやむを得ない支出があるという人もいるでしょう。

この本を読んでくださっているみなさんが、全員「わたしのケース」にあてはまるわけではないと思いますが、ここではわたし自身の経験に基づき話を進めていきます。

例えば、こんな生活をしていませんか。

- 毎月なににいくら使っているかを把握していない
- 毎日なんとなくカフェやコンビニに行くのが習慣になっている
- 自分が持っている服の枚数や内容を覚えていない
- 整理整頓が苦手で部屋が散らかりっぱなし
- 買い物のレシートや明細はチェックせずに捨てている

● ポイントが貯まると、つい自分へのご褒美を買ってしまう
●「買ったのに使っていないもの」がある
●「いま」を楽しみたいので、そのときほしいものややりたいことを最優先にする

これらはすべて、かつてのわたしがやっていたことです。


「すごい贅沢をしているわけじゃないし、仕事帰りにコンビニでお菓子を買うくらい許されるよね」

「毎日つらい仕事を頑張っているから、ほしい服とかコスメは我慢したくない」

「若いうちは、自分のためにお金を使って自由に生きたい」

そんな気持ちでした。

「なにかを選ぶ」ことは「なにかを捨てる」こと

でも、「我慢せずに」「自由に」生きているつもりなのに、結局、お金が足りなくて

ほしいものが買えなかったり、やりたいことができなかったりして、そんな怒りや悲しみを、給料を上げてくれない会社や、社会のせいにしていたのです。

当時のわたしは、「なにかを選ぶということは、同時になにかを捨てているということ」だと気づけていませんでした。

あたりまえのことですが、有り余る富を持っているような人以外は、使えるお金には限りがあります。そのなかで**やりくりをするためには、なにかを選ぶ＝なにかを捨てなければ成り立たない**のです。

「仕事帰りのコンビニのお菓子」や「ほしい服やコスメ」を買うなら、「来月あたり旅行に行きたいな」という計画は捨てなければいけません。

「若いうちはお金を自由に使う」ことを優先するなら、将来のための備えや金銭的な安心は、とりあえず捨てなければいけません。

本音をいえば、「すべてを手に入れたい！」「どれも捨てたくない！」というところですが、決まったお金で生活をしている限り、そういうわけにはいきませんよね。

自分と向き合い、「わたしが本当にほしいものってなんだろう？」と、とことん考えたときにはじめて、「わたしはいままで、大切じゃないモノやコトにお金を使って、そのぶん大切なモノやコトにお金を使うという選択肢を捨てていたんだ」ということに気づいたのです。

このことは、自分のなかですごく大きな発見と衝撃でした。

貯金ができないのは、ほしいものが買えないのは、やりたいことができないのは、「収入が少ないから」ではなく、「わたし自身の考え方のせい」でした。

この本の「はじめに」でもお伝えしたように、

「**貯金はメンタルが一番大事なんだ**」ということをはじめて実感したのです。

この考え方を続けていたら、たとえ収入が上がったとしても、永遠に自分の人生に満足できないままかもしれない――。


実際、年収が1000万円以上あっても、貯金がゼロのいわゆる「高所得貧乏」になっている人が約1割という調査結果もあるほどです（金融広報中央委員会「家計の金融行動に関する世論調査［総世帯］令和4年調査結果」）。

そんな浪費メンタルを卒業して、お金の自分軸を持って人生を歩んでいきたい。

そのほうが、いまよりもずっと楽しくなる！

本書を通じてもっとも伝えたいのは、そういったマインドです。

「思い込み」と「こうあるべき」がわたしたちからお金を奪う

みなさんに質問です。

「アラサー世代の社会人女性って、どんな生活をしていると思いますか？」

- デザインの凝ったインテリアで部屋をおしゃれな空間にしている
- 恋人や友だちとの食事会では、ちょっと高くてもおしゃれなお店に行く
- トレンドをさりげなく押さえてファッションに気を配る
- プチプラだけでなく、ちょっと高価なブランドも取り入れる

- ジムやホットヨガに通って自分磨きをする
- ネイルサロンやまつ毛エクステなど美容にも定期的にお金を使う

まだまだありそうですが、こうして書き出してみると「お金がかかる」ことばかりですよね？　それこそ、女性インフルエンサーがSNSで発信するような生活を真似しようと思うなら、自由に使えるお金が月に30万円あっても足りない気がします。

わたしは、このような「世間の考えるアラサー女性像」を意識し過ぎていました。**固定観念にとらわれ、「こうあるべきなんだ」という思い込みに縛られていた**といってもいいでしょう。

美容にたいしたこだわりもないのに、「もうアラサーなんだし」という、いま振り返るとよくわからない理由から、デパートで高級コスメを買い、ファッション誌やSNSで「アラサー世代が着るべき服や必須アイテム」を把握して、トレンドを意識した服やバッグを買いそろえていました。

でも、高級コスメもおすすめのファッションアイテムも「自分の意思」で選んでいるわけではないので、結局は「買っただけ」でまったく活用できませんでした。

いまのわたしなら、「使わないなら不用品として売るか、思い切って捨てよう」となりますが、当時は「高かったのに捨てるのはもったいない」「いずれ使うかもしれない」という思考で、部屋のなかは着ない服や使わないもので溢れていました。

「自分のために、自らの意思で選んだ支出」ではなく、**ただ「世間体を気にしてお金を使っていただけ」だった**のです。

〝オトナの女性〟だから、「こういうものを身につけないといけない」「これくらいのものは買うべきだ」という固定観念を持ち、それを実現するために散財する。

百歩譲って、お金が足りているうちはまだいいのです。

でも、お金が足りなくなって買えなかったり、買ったことで日々の生活が苦しくなったりすると、さらに大きなストレスを感じてしまう。

「こんなに頑張っているのに、ほしいものも買えない……。みんながSNSに載せるような、キラキラした素敵な暮らしができない。わたしは負け組だ」

いまとなれば笑ってしまうような、はずかしい話です。日々のストレスにより、ちょっと買い物依存症のようになっていたのかなとも思います。

「他人軸」を卒業して「自分軸」で生きていく

- 社会人ならデートはいいお店に行くべき↓安くてもおいしいお店はたくさんあるのに
- 大人ならスーツはそれなりのものを着ないと↓見方によっては毎日着る作業着な
- 腕時計や靴は品格を表す↓モノと品格ってそんなに関係ある？

● 女子会はホテルのアフタヌーンティー↓仲のいい友だちとならどんな場所でも楽しい
● ○歳を過ぎたら○○にはお金をかけるべき↓年齢で区切ることに意味はある？

このような **「○○すべき」や「普通は○○」は、〝世間の声〟を装った企業や広告が、巧みにわたしたちにお金を使わせようとしているだけ**なのです。

こういった考え方に支配されたままだと、どこまでいっても**他人軸でしか生きられません。**

「みんな持っているもの」「○代の女性なら（男性なら）買うべきもの」「一人前の大人なら当然のたしなみ」という視点で考えてしまうから、「それができない自分」に劣等感を抱いてしまうのです。

もちろん、「それなりのスーツ」や「いい腕時計や靴」を自分の意思で選んでいるのであれば、なんの問題もありません。

また、営業職の人であれば、服装や身だしなみにお金をかけることは、成績アップ・収入アップのための投資になる場合もあります。この本では、おもに貯金や節約について書いていきますが、一方で、このような**収入を増やすための自己投資にお金を使うのも、とても大事なこと**でしょう。

問題は、そういった明確な目的のある買い物ではなく、単なる見栄や広告に乗せられて「なんとなく」お金を使ってしまうパターンです。

このあとお伝えしていく「自分軸」や「人生のなかでの優先順位」が明確になっていて、自分が本当に大切にしたいこと、お金や時間を費やしたいものが決まっているのであれば、それを大事にしていけばいいでしょう。

しかし、「お金を使わせよう」とする広告やマーケティングはとても巧妙です。**「これが普通」「これをやるべき」という固定観念は、知らず知らずのうちに、わたしたちの思考のなかに深く刷り込まれている**のではないかと思います。

「お金を使おう」としているとき、それが本当に自分の意思によるものなのか、それとも世間の「普通」や「流行り」に流されているだけなのかを見極める作業は、わたしにとってはなかなか難しいものでした。
「自分が本当にほしいものってなんだろう?」
「わたしが一番大切にしたいものはなに?」
こうやって、お金の使い方に疑問を感じられるようになったのは、転職によって仕事のストレスが改善され、自分と向き合う時間と心の余裕ができたからでした。

「これって、本当に自分にとって必要なものかな?」

この問いかけにはっきりと答えられない買い物であれば、いちど財布はバッグのなかにしまいましょう。その物欲は、世間体や固定観念に流されているだけなのかもしれません。

それに気づくことさえできれば、**「本当に必要なもの」以外はほしいと思わなくなるので、「我慢」の必要すらなくなる**のです。

SAVING MONEY

「頑張ったご褒美」が毎日を「無駄遣いOKデー」にしている

「本当に自分にとって必要なものか」をちゃんと考えよう――。

そうはいったものの、日常がストレスに溢れていると「考えること」さえも面倒になってきます。わたしが実際にそうでした。

「今日は疲れたし、スタバで好きなドリンクでも飲んで癒やされよう」

「こんなに頑張っているんだから、服くらい買ってもいいよね」

そんなふうに、**ストレスの緩和を最優先にする思考回路に陥る**のです。仕事帰りに外食することも、ちょっと高い買い物をすることも、「頑張っているのだから」と歯止めが利かなくなります。

さらに、外からのプラスアルファの提案にも弱くなります。

「その服でしたら、このアクセサリーを合わせると着こなしの幅が広がりますよ！」

そのようにアパレルショップの店員さんにいわれれば、「かわいいな。でもお金が……まあ、いっか！」と流れで購入。

ランチの際に、「セットでサイドメニューもつけることができます。ドリンクはいかがなさいますか？」とホール担当の店員さんにいわれれば、「じゃあ、お願いしまーす」と即答です。

ストレスによって疲弊したメンタルでは、買い物でさえ「これ以上、悩みたくない」「考えたくない」と怠惰になり、一時の感情や欲望に飲み込まれてしまうのです。

「自分へのご褒美」も年に数回くらいであれば、やる気につながるよいことだと思いますが、それが日常になれば単なる浪費の言い訳です。

仕事の忙しさやストレスなんて毎日のことですから、結局は、**毎日が無駄遣いをしてもいい日になり、貯金メンタルとは真逆の浪費メンタルが根づいてしまう**わけです。

浪費習慣がやめられないのはストレスのせいだった

だから、以前のわたしは、お昼休みや帰り道に間食のお菓子をコンビニで買うこともやめられませんでした。コンビニの商品は決して安くありませんし、お菓子の食べ過ぎは太るだけなのに、「毎日200円~300円の出費で仕事を頑張れるならいいじゃないか」と正当化していたのです。

同じように、休憩時間になれば自動販売機に行って、1日に2本~3本の缶コーヒーやペットボトル飲料を買って飲んでいました。「節約するなら水筒持参がいいはずだけど、忙しくて時間もないし！」と、〝頑張るための必要経費〟にする毎日でした。これは本当に〝便利な正当化〟です。

1日あたりでは数百円の少ない経費でも、実際に家計簿をつけてみれば、月に1万円～1万5000円ほども使っていることになり、びっくりする金額です。

そこで、「少しは我慢してみよう」と思ってはみたものの、今度は「買わないこと」にモヤモヤしたストレスを感じてしまうのです。

「この苦痛はなんだろう？　きっと理由があるはずだ」

そこで金融や節約の知識を学ぶとともに、人間の心理や脳の仕組みについても本で勉強をしてみたところ、**人間は、「習慣化された行動をやめることに苦痛を感じる」**というのです。

その理由は、**浪費習慣がストレスコーピング（ストレスのはけ口）になっているから。**「イライラしたらお菓子を食べる」「ストレスが溜まったら缶コーヒーを買って飲む」といった日々のなにげない浪費が、わたしにとって、毎日のストレスコーピングだったのです。

同じように、「週末にほしい服を買う」「高いコスメを買う」という行為も、興奮を伴って脳がドーパミン（快感をもたらす脳内ホルモン）を分泌させることでストレスコーピングになり、**浪費が自分のメンタルを守る手段**になっていました。

だから、「節約しよう！」と意気込んで浪費をやめたところで、最初のうちは我慢できても、だんだんとつらくなってしまうわけです。間食のお菓子のような毎日の習慣になっている行動なら、2日〜3日ですぐにイライラが募ります。

でも、それは当然です。**溜まったストレスがはけ口をなくして行き場がなくなり、自分のなかに蓄積されてしまう**のですから。

まして、すでに仕事のストレスでメンタルが失調気味であれば、買い物を我慢しただけで悲しくなってしまったり、イライラが自分に向かって自己嫌悪になったり、体に不調が現れてしまったりすることもあるかもしれません。

これでは、「節約」という行為が「苦痛」なものだということを、自分の心と体に刻むばかりで、その先にある貯金やお金の不安解消にはたどり着けません。

最良の手段は、日常的なストレスを、できる限りなくすことです。

わたしの場合は転職がその一助となりました。すべてのストレスがきれいさっぱりなくなったわけではありませんが、少なくとも理不尽な残業や、人間関係のモヤモヤ、そしてセクハラやパワハラなどもなくなり、ストレスの総量が一気に下がっていったのです。

心に余裕ができればストレスコーピングの必要性は少なくなるので、浪費習慣をストップして節約生活をはじめても持続しやすいことを、身を以《もっ》て経験することができました。

節約生活が習慣化すれば、「なにかを我慢するのがつらい」といった思考に陥ることもなくなっていきます。

脳内ホルモンを利用して「貯金脳」をつくる

しかしながら、仕事がストレス源だとわかっていても、人それぞれに事情があるわけで、すぐに転職なんて難しいという人もいるでしょう。

では、「ストレスを切り離せなかったら、浪費習慣はどうやっても断ち切れないのか？」というと、そんなことはありません。

浪費習慣がストレスコーピングになっている場合、別のストレスコーピングの方法を用意するのが効果的です。

これは、禁煙や禁酒でもいわれることだと思います。

わたしは、転職後にボルダリングに興味を持ち、趣味としてはじめたのですが、これは節約やストレス解消と相性がいいなと感じました。安全対策をしっかりしているので落下しても大丈夫なのですが、いつも「落ちるかも……」という緊張感があり、課題をクリアすれば達成感を得ることもできます。解消しきれていなかったストレスが、壁を登った達成感で打ち消されているような気がしたのです。

ゲームでもストレッチでもウォーキングでも、あるいは読書や大好きな推しの動画を観ることでもなんでもいいので、**なにか爽快感や解放感、一時的にでもストレスの原因を忘れられるような趣味や習慣を、節約と一緒にはじめるのがおすすめ**です。

また、浪費の原因となるストレスの解消には、脳の仕組みや脳内ホルモンの働きを知り、うまく利用していくことも効果的だと思います。ストレスを減らしていくことができれば、それだけ貯金がしやすい「貯金脳」に変わることができるでしょう。

次のページで、脳内ホルモンのうち、「幸せの三大ホルモン」と呼ばれている、代表的なものを紹介します。

幸せの三大ホルモンの種類と働き

名称	働き	注意事項	増やす方法
ドーパミン（やる気ホルモン）	快感、喜び、やる気、達成感を生み出し、ポジティブな気持ちにさせる	依存性がある、ギャンブルや飲酒、過度な買い物などにハマって快感を得ようとするのはNG	楽しいことや達成感を得て、「気持ちがいい」「心地いい」と感じると分泌される。新しいことに挑戦して好奇心が満たされることでも分泌されるので、「新しい料理をつくってみる」「行ったことがない場所を散歩してみる」など、日常生活のなかですぐできる「新しいこと」を試してみるのがおすすめ
セロトニン（幸せホルモン）	不安をやわらげ安心感をもたらし、メンタルを安定させる	不足するとイライラしてストレスが溜まり、うつ状態になる。睡眠不足や栄養バランスの偏りなど、不規則な生活で分泌が減少する	セロトニンの原料となるトリプトファンが豊富な食材を摂取する。規則正しい生活をして朝日を浴びる。ウォーキングなどのリズム運動を1日20分～30分取り入れる。運動はハードルが高いという場合は、食事の際の咀嚼をリズミカルに行う、ヨガのようなゆっくりした腹式呼吸をすることでも同様の効果が得られる
オキシトシン（愛情ホルモン）	ストレスを緩和し、信頼感、愛情、やすらぎをもたらす	不足すると孤独感や不安感を覚えたり、人間関係に支障が出たりする	人とのふれあいやつながりを感じることで分泌される。信頼する家族やパートナー、ペットとのスキンシップや、親しい友だちや家族と集まって食事をする、楽しく会話をすることで分泌が促される

トリプトファンが豊富に含まれる食べ物

豆腐、納豆、みそ、
しょうゆなどの大豆製品
チーズ、牛乳、
ヨーグルトなどの乳製品
ごま、ピーナッツ、卵

セロトニンを分泌するには、
材料となるトリプトファンが大事！
1日3食、栄養バランスを
意識して食事をしよう！

なお、このなかのセロトニンには、ドーパミンの過剰分泌をコントロールする役割があるといわれています。なかなかストレス源から離れられないような環境でも、「なんとかストレスを緩和させて節約生活をスタートしたい！」と考える場合には、まずは生活リズムや食生活を整え、セロトニンの分泌を促すことからはじめるとよさそうです。

SAVING MONEY

「対策自分論」でストレス解消の衝動買いから卒業する

先にお伝えしたように、ストレスによる浪費をなくし、貯金メンタルに変わるためには、ストレスのそもそもの原因を取り除いたり、遠ざけたりすることが最善の策です。

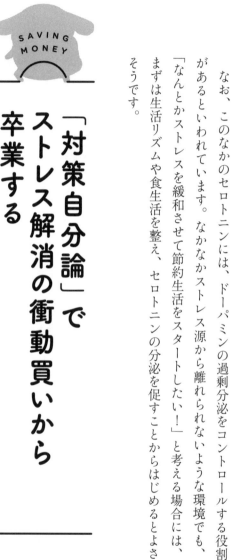

例えば特定の人がストレス源なら、距離を置く、関係を断つというのがいいでしょう。それが職場そのものだったり、性格が合わないけれど毎日接しなければいけない上司や同僚だったりした場合には、すぐに離れるのは難しいかもしれません。でも、心身の健康を損なってしまっては本末転倒なので、精神的な負担が大きいと感じているなら、異動や転職など、根本的な解決法を考えてみてもいいのではないかと思います。

しかし、**他人ではなく自分の「考え方」がストレスの原因になっている場合は、逃げようがありません。**なぜなら、たとえ居場所や環境を変えたとしても、どこに行っても同じようなストレスが発生してしまうからです。これをなくしていくためには、ストレスを生み出している自分自身の考え方のクセに気づき、あらためていく必要があります。

わたし自身、「転職で職場環境がよくなりストレスが緩和された」ことが、貯金メンタルに変わるひとつのきっかけだったとお伝えしましたが、もちろんすべてのストレスがなくなったわけではありませんでした。その原因を突き詰めると、**ストレスの原因は自分の「考え方」にあった**のです。

ここからの話は、そんな事例のひとつとして読んでください。

他人へのイライラは「勝手な期待」と「思い込み」から生まれていた

職場が変わったことで業務上のストレスや給料の不安、人間関係やセクハラやパワハラのイライラもなくなり、最初のうちは「なにもストレスがないなんて、天国！」と思っていました。

同僚のみんなは、出社時や退勤時には笑顔で挨拶をしてくれる。通路ですれ違うときは、道を空けてこちらに譲ってくれる。

あたりまえのことと思うかもしれませんが、最初に勤務した会社は、社内全体がギスギスしていて、そういった気遣いやマナーもなく、小さなストレスが積もりやすい環境でした。

ただ、恵まれた職場環境になったはずなのに、しばらくすると、またイライラし出したのです。

それまで、イライラの原因は「会社にある」「職場のせいだ」と考えていました。

しかし、新しい職場には大きな問題がない以上、「どうしてイライラするのだろう？もしかして、わたしがおかしいのかも」と、自分自身に原因があるという可能性に向き合うことにしました。


このように書くと、いわゆる「自己責任論」のように感じてしまう人もいるかもしれませんが、それはちょっと違います。

ストレスの原因は様々で、複雑に絡み合っていることが多いものです。

例えば、一口に「仕事のストレス」といっても、

- 会社自体がブラック企業体質である
- 上司がパワハラ気味
- 自分の視野が狭い、経験が足りない

などというように、自分自身の問題を含めて、複数の原因が混在しているものです。

ひとつめ、ふたつめのように、あきらかに自分以外のこと（職場や上司）に原因がある場合、「自分は悪くない」と思ってしまうかもしれません。

しかし、「自分は悪くない」というケースでも、現実問題として、そのことについてなんらかの対策をしていかなければ、いつになってもつらい現状を変えることはできません。そして同時に、他人や会社自体を変えることは現実的には難しいものでもあります。

そうであれば、**「コントロールが可能な自分自身の考え方や行動を変えていくことで、少しでもストレスをなくし、穏やかな気持ちで過ごせるようになろう！」**と考えたのです。わたしはこれを、「対策自分論」と呼んでいます。

心理学について本で学んだり、自己分析に取り組んだりした結果、それまでは気がつかなかった、自分の一面が見えてきました。

一般に、**イライラは「自分の理想」と「現実」が食い違うことによって発生する**といわれています。

例えば、先ほど説明した浪費であれば、「わたしは20代女性なのだから、こういう生活をするべきだ」という理想（固定観念）が不要な浪費を生む➡しかし、お金が足りなくて実現できないことが出てくる➡理想と現実が食い違いイライラが生まれる――そんなロジックです。

自己分析をしてみたところ、どうやらわたしは、この**理想（固定観念）を他者に対しても抱いている**ことに気がつきました。要するに、**他人に対して、自分の勝手な期待や思い込みをぶつけてイライラしていた**のです。

「通路ですれ違うときは、道を空けてこちらに譲ってくれる」と書きましたが、会社のなかには、そうでない人だっています。

社内ルールでは「左側通行」と決まっていて、それを守るべき（理想）なのに、ルールを無視して真ん中を歩いてくる人もいる（理想と異なる現実）ため、こちらが避けないといけません。理想と現実が異なるので、そこにイライラしてストレスが発生してしまうというわけです。

しかし、こんなとき多くの人は「捉え方」を変えて対処するものです。「あの人は気が利かないからね（笑）」と性格で理由づけをしたり、「考えごとをしていたのかな」「体調が悪かったのかもしれない」などと相手の事情を想像したりして、「仕方のないこと」としてストレスをうまく受け流します。

ですが、そういう切り替えが苦手なわたしは、常に全力でイライラしていました。ときには、「そうくるなら、わたしだって道は譲らない！」とムキになり、あえて避けずに真ん中を直進したこともありました。いま思うと、本当に大人気《おとなげ》ないのですが、当時のわたしは本当に心に余裕がなくて、どうかしていたんだなあと思います。イライラやモヤモヤの原因を掘り下げれば掘り下げるほど、自分の身勝手さや心の狭さが見えてきたのです。

この傲慢なわたしの心のありようについては、以前にブログでもマンガにして描きました。

頑《かたく》なに、「ルールは必ず守られるべきだ！」「お互いに配慮し合うのが当然だ！」という理想を持ち、固定観念として相手に押しつけるから、イライラしてしまうのです。

左記のバーコードからカラーでご覧いただけます。
URL　https://www.fuyuko190.com/entry/misogyny_comic9

@fuyuko190

節約オタクふゆこのブログ
「【エッセイ漫画9】避けない人にイライラしていた自分が、道を譲らなくなってしまった」より自分のなかにあるストレスの原因を突き詰めていったことで、器の小ささが情けなくもなりましたが、他人に対するイライラを受け流せるようになり、確実にメンタル面の成長につながるいい経験になりました。**考え方を変えられたことで、感情的な浪費やストレス解消の衝動買いもなくなり、さらに貯金メンタルに邁進していけた**わけです。

このように、わたしのケースでは「ストレスの原因となる考え方」が、自分の傲慢さや未熟さといった「個人の性格」に起因するものでしたが、そのほかにも「アンコンシャス・バイアス」という無意識の偏見や先入観が、ストレスの原因となる場合もあります。

次の項目で説明しましょう。

SAVING MONEY

思考を偏らせる「アンコンシャス・バイアス」の呪い

「バイアス」とは、簡単にいえば「認識のゆがみ」、つまりは「偏見」「思い込み」「先入観」などのことです。

バイアスには様々な種類があるのですが、**自分でも自覚していない偏見や先入観を「アンコンシャス・バイアス（無意識の偏見）」**といいます。

「〝普通〟はそうだろう」という価値観の決めつけ
「どうせダメ、きっとムリ、できるわけがない」などの能力の決めつけ
「そんなはずはない、こうに決まっている」などの解釈の押しつけ
「こうある〝べき〟だ」という理想の押しつけ

このような考え方は、アンコンシャス・バイアスに該当します。

職場や身近なところで起こりがちなアンコンシャス・バイアスは、例えばこんなことです。

「血液型で相手の性格を想像してしまう」

↓あの人は△型だから、おおざっぱで困る（イライラ）

「○○世代の人は根性がない」

↓Aさんは○○世代だから、すぐ仕事を投げ出すんだよね（イライラ）

「雑用や飲み会の幹事は若手社員がやるべき」

↓なんで先輩のわたしがやらなきゃいけないの（イライラ）

「○○は男の仕事」

↓女に仕事で負けるなんて……（イライラ）

「女性は、細やかな気遣いができる」

↓女性なのにどうしてあんなに配慮がないの？（イライラ）

「定時で帰る社員はやる気がない」

↓わたしは自分を犠牲にして残業しているのに！（イライラ）

いくつか挙げてみましたが、思いあたるものがあるという人もいるでしょう。

このような思い込みや偏見は、意図しない差別的な行動につながってしまうこともあるので注意が必要です。

とはいえ、「必ずしも、そうとは限らない」と思える心の余裕や、別の角度から考えてみる視点があれば、ストレスを感じることはないはずです。

わたしも、「エンジニアは男の仕事」「定時で帰る社員はやる気がない」という固定観念に無意識にとらわれていました。

開発職のエンジニアをしていたのですが、1社目の会社は社員の9割が男性でした。「女性だから」というだけで仕事を任せてもらえないこともあり、「見返してやる！わたしが男に負けないことを示してやるのだ！」という反発心でハードに働いていました。

でも、「男性に負けない」という意識は、裏を返せば「女性はエンジニア技術で男性に劣るのではないか」という思い込みと自信のなさの表れで、それをごまかすために「わたしは違うのだ」ということを示したいだけだったのだといえるでしょう。

そんなアンコンシャス・バイアスを持っていたため、ほかの女性社員が定時に帰るのを見ると「だからナメられるんだよ……」とイライラしたり、あらゆる男性エンジニアから「下に見られているのではないか」という不安感を持ったりしていたのです。

言葉が悪いのですが……「わたしはクソだったな」といまなら思えます。

そんな状態で生きていたら、息苦しいのは当然ですよね。「エンジニアの技術力と性別は関係ない」と考え、自分に自信を持って仕事ができていたら、もっと堂々としていられたでしょうし、ハードに働くにしても「自分ばっかり」という卑屈さを持つことはなかったでしょう。

こんなふうに、**アンコンシャス・バイアスは、みなさんそれぞれの人生経験のなかで染みついた固定観念として存在**します。「自分にそんなものはない」と思っていても、意外なところに隠れていたりするので、いちどストレスの原因を言語化して、洗い出してみるといいでしょう。

自分でも気がつかなかった考え方の偏りが、現在のストレス、そして浪費メンタルにつながっているかもしれません。

SAVING MONEY

ストレスの「見える化」がメンタルを整えるカギ

こうして自分のよくない部分を本のなかでさらけ出すのは、正直ちょっと怖い気持ちもあります。ですが、わたしの経験談を読むことで、読者のみなさんのなかにも、「こんなこと思っちゃいけないのに、イライラしてしまう」という気づきがあれば、そのイライラが自分を知るカギになるかもしれません。

自分が「いまなににストレスを感じているのか」は、わかっているようでわかっていないものです。不満があること、イライラしていることは間違いないのだけれど、言葉にしようとすると、なんだかうまくまとまらない。

そうなってしまうのは、**ストレスの原因は単純ではなく、様々な要素が複雑に絡み合っていることが多いから**です。仕事やプライベートでの不満・不安は入り混じっていますし、先のアンコンシャス・バイアスのように無自覚のことが要因のひとつかもしれません。

また、「自分は間違っていない」という、自己を正当化したい気持ちや、他人に対する怒りの感情もあるので、なかなか原因を冷静かつ客観的に考えられないのです。

そこで、**自分のストレス要因を洗い出すときは、メモとして書き出す**ことをおすすめします。ノートでもいいし、スマホのメモアプリでも構いません。それだけで、ストレスの原因を冷静に考えることができます。

順天堂大学医学部教授で自律神経研究の第一人者として知られる小林弘幸《こばやしひろゆき》先生の著書によると、**ストレスやその原因は、頭のなかだけで考えているとグルグルと脳を巡ってストレスを増幅させてしまう**のだそうです。

でも、ストレスに感じたことを言葉にして書き出せば、途端に「他人ごと」のように客観的に考えられるのだといいます。

そのため、**イライラしてしまったときは「今日あった嫌なこと」を書き出**

せばストレスの緩和につながりますし、日常のなかでストレスに感じることを後から思い出して書くときは、冷静になって原因を分析することができます。

いきなりすべてを書き出すことはできなくても、その日にあった嫌なことやつらい気持ちを書き出す習慣をつくれば、時間をかけて洗い出しができます。実際、わたしもすべてのストレス要因を洗い出すのに3カ月かかりました。

ストレスを感じた出来事を書き出したら、今度は「友だちから悩みを相談された」つもりになって、自分に対して客観的にアドバイスをしてみました。

ふゆこA「……というわけで、まあ、こんなことでイライラしてしまったわけですよ」

ふゆこB「どうしてそんなことでイライラしちゃうんだろう？　よく考えると、別にたいしたことじゃないよね。あなた（ふゆこA）の自意識過剰だよ」

ふゆこA「確かに。なんでこんな感情を持ってしまったんだろう？」

←

ふゆこB「前からそういうところあるよね。前に嫌な気持ちになった、あのときの出来事と重ねちゃったんじゃない？」

←

ふゆこA「あー、そうかも。原体験はそこだ！」

こんなふうに、自問自答しながらわかったことをメモに書き出し、自分自身に根づいている考え方や固定観念、そしてその考え方が生まれた原因やプロセスをあきらかにしていくのです。

ストレスを感じる原因を探っていくことが、結果的に自分自身のいまの考え方とバックボーンを徹底的に理解していく作業となります。

「自分の弱さ」と向き合うことでストレスから解放された

わたしの場合、この作業を通じてわかったことは、これまでにお伝えしたような「傲慢」で「幼稚」な性格、あるいは「男性には負けたくない」というコンプレックスなど、いわば**「自分自身の弱さ」**でした。

おそらく、**本当の意味で自分に自信を持ち、自己肯定ができていたら、他人のことなど気にならない**と思うのです。セクハラ、パワハラ、侮辱、暴力行為などのアンモラルな行為に対しては怒りを覚えて当然ですが、日常の小さなことであれば「人は人、自分は自分」と考えて、感情を切り分けられるはずです。

残念ながら、かつてのわたしには、自信も自己肯定感もなく、そんな「自分の弱さ」を知られたくないから、「こうあるべきだ！」という理想を他人にも押しつけてしまっていたのです。

しかし、一連の自己分析を終え、**客観的に「自分の弱さ」と向き合ったことで、些細なことは「許せる」ようになりました。**

他人の言動に対しても、寛容に受け止められるようになったことで、**日常的なストレスからようやく解放されました。**臆面もなくいえば、やっと「生きるのが楽しいな」と感じられるようになったのです。

自己分析で「本当の幸せとはなにか？」に気づくことができる

また、自分と徹底的に向き合ったことで、**「わたしが大切にしたいものはなにか？」という問いの答え**も見つかりました。

具体的には、「小学生のときのように生きられれば幸せで楽しい」と気づいたのです。

小学生の頃は、もちろんその時々の悩みもありましたし、大人ほど自由に使えるお金もありませんでした。

でも、

- 健康的な生活
- 新しいことを経験する喜び
- 楽しく遊べる友だち

そんなことだけで、当時のわたしは十分楽しく生きていたのです。

「自由に使えるお金があるいまよりも、小学生の頃のほうが幸せだった。そう考えると、自分にとって楽しく生きるために必要なものって、ブランド物のバッグや、たくさんの洋服じゃないかもしれない」

「自分はなにかを買ったり所有したりすることで喜びを見出すタイプではないのかも？　それよりも、楽しいと思える経験にお金や時間を使うべきでは？」

そう思えたのです。

そこで、小学生の頃に好きだった木登りを思い出し、ボルダリングをはじめてみたり、友だちとのつきあいを大切にしていたことを思い出し、それまでは相手から誘われることが多かった友だちに自分から連絡して積極的に誘ってみたりしました。それだけでなく、新しく学ぶことの楽しさを求めて、本を読み資格取得の勉強もはじめました。

これらのことを実行するには、お金がまったくかからないわけではありません。でも、自分にとっては満足度がとても高く、**「支出は以前よりも減ったのに生活満足度は上がった」**という嬉しい結果を得ることができました。

ここでいいたいのは、「誰もが小学生の頃のように生きれば幸せだ」ということではありません。**見栄や世間体などを排除したうえで本当に自分が求めていることを見極め、それにお金や時間をかけたほうが満足度の高い人生を送れる**ということです。

SAVING MONEY

買い物の満足度が劇的に上がる「ハッピーマネーの法則」

まずは「貯金メンタル」になるための土台作りとして、メンタルの整え方やストレスとの向き合い方について言及してきましたが、ここからは話を「浪費」に戻します。

節約しようとしても浪費してしまう原因のひとつは、「自分自身に起因する問題」だということをここまでお伝えしてきました。

しかし、いくらメンタルを整えてストレスを減らしたとしても、モノを売りたい側の販売戦略に乗せられてしまったら、結局は浪費するのがオチです。

衝動的な「ほしい！」という気持ちに対して即行動に移すのではなく、一旦、立ち止まって考えられるポリシーを持つことは、販売側の巧みな販促マーケティングからの防衛手段として有効だと考えます。

心理学者のエリザベス・ダン博士とマイケル・ノートン博士の共著である、『「幸せをお金で買う」5つの授業』（KADOKAWA／中経出版）という本は、そのヒントを与えてくれました。

この本で教えてくれるのは、販促マーケティングを見抜くテクニックや、お金を使わないようにする節約術ではなく、**「どういうことにお金を使えば、幸福度を高めることができるか」という、「ハッピーマネーの法則」**です。

〈ハッピーマネーの法則〉

原則1：経験を買う
原則2：ご褒美にする
原則3：時間を買う
原則4：先に支払ってあとで消費する
原則5：他人に投資する

例えば、「あのワンピースがほしい！」と思ったとき、浪費時代のわたしだったら「これくらい、いいよね！　買っちゃえー！」と即ゲットしていました。モノを買うことは、即座に喜びや幸福感を得られるからです。

でもこの本では、**一時的な幸福を得られる「モノ」よりも、長く自分の幸福に影響を与える「コト（経験）」や、より「幸せを感じる時間」にお金を使うべき**だというのです（原則1・原則3）。

自分に置き換えて考えてみると、ちょっといいブランドのワンピースが3万円するとしたら、「そのお金があれば、友だちとUSJ（ユニバーサル・スタジオ・ジャパン）に遊びに行けるな」と思うと、そちらのほうが、大きな幸福感をイメージできたのです。

ただしこれは、その人の価値観にもよるでしょう。

そのワンピースに対し、単なるモノとしての価値だけでなく「好きな洋服を着て出かける経験・時間」に、大きな幸福や価値を感じる人であれば、きっとワンピースを買うべきなのだと思います。

原則2の「ご褒美にする」、原則4の「先に支払ってあとで消費する」は、支出の実感に関する原則です。ただ漫然と浪費するのでなく、買うなら「なにかのご褒美」として買うことで、支出に価値が生まれます（毎回毎回「ご褒美」にしていたら、それは浪費になってしまいますが）。

また、クレジットカードのような後払い決済は、支出の実感を見失わせます。無限にお金があるように錯覚し、浪費が加速してしまうため気をつけなければならないということです。

そして最後の原則5「他人に投資する」は、「他人のための支出は幸福感が高い」ということです。

友だちにプレゼントを贈って喜んでもらえると、自分にも喜びが返ってきますよね。

これは確かに、自己満足の浪費よりもずっと自分のためにもなる投資だと納得できます。

ちなみに、この本で得た学びから弟にiPhoneをプレゼントしたところ、ものすごく喜んでもらえました。大人になってから、姉弟でプレゼントをしあうことなどあまりなかったので、弟本人だけでなく両親ともその話題で盛り上がり、家族の思い出になるような、いい支出になりました。

これらの原則をポリシーとして、**お金を使うときは、「その買い物は、本当にわたしを幸せにするのか？」「もっと幸せになれるお金の使い方があるのではないか？」と立ち止まって考えること**——それが重要なのだと思います。

SAVING MONEY

お金を使うときの自分軸「つけ麺置き換え法」とは

「より幸せを感じるものにお金を使おう」というお話をしましたが、いざ買い物をするときになると、判断に迷ってしまうこともあるかと思います。

そんなときにおすすめの考え方が、「**◎◎置き換え法**」です。

先に、「ワンピースvs友だちとのUSJ」というお話をしましたが、その基準をもっと小さく、日常レベルに落とし込むというイメージです。

突然ですが、わたしは「つけ麺」が大好きです。3食すべて、1週間でも、いや1カ月でも食べ続けられるというレベルで大好きな食べ物です。

そこでわたしは、**「なにかをほしい！」と思ったときには、すべてつけ麺に置き換えて考える**ようにしています。例えば、ほしいと思った雑貨が3000円だとして、それを「本当にほしいのか？　いま買うべきか？」と吟味する際に、「つけ麺（1杯1000円）だったら3杯食べられるな」と置き換えてみるのです。

これが「つけ麺置き換え法」です。

「大好きなつけ麺3杯よりも、目の前にある素敵な雑貨1個のほうが価値は高い。それを買ったほうが幸せだ！」と思えたら、迷わず雑貨を購入します。

逆に、「やっぱりつけ麺3杯のほうがいいな」と思えれば、それをほしいという気持ちをなくせるというわけです。

この基準はなんでも構いません。スターバックスコーヒーのフラペチーノ®が大好きな人であれば、

「フラペチーノ〇杯分だな」と考えればいいでしょうし、本やマンガが大好きな人なら「〇冊分だな」と置き換えればいいでしょう。

こういった基準をひとつ持っておくと、**自分軸やお金の使い方の優先順位がはっきりして、日頃の小さな買い物の場面でも迷ったり悩んだりすることが減っていく**はずです。

節約に取り組む際に、「とにかくお金を使わない」というストイックな考え方だけでは、お金で買える本当に大切な価値や幸せを見失ってしまいかねません。

お金を使うときは、「無駄な支出はしない」と同時に、「なにに使うなら、価値があるのか」を一緒に考えることが大事だと思います。

第2章

人生を変えた「節約生活」との出会い

借金アリ・貯金ナシから資産1000万円をつくるまで

年収350万円
借金450万円（総額477万円を返済中）
貯金40万円

これが5年前の2018年、社会人2年目で25歳だった頃のわたしの財務状況です。

当時のわたしは、理系大学院卒ということもあり、平均的な20代の女性会社員よりもちょっと多めのお給料をもらえていました。でも、奨学金の返済が毎月2万7000円、それも15年続く予定で重くのしかかっていました。さらに浪費癖があり、節約は大の苦手でまったく貯金ができない人間だったのです。

何度も「よし、今日から節約をしよう！　お金を貯めよう！」と試みてはいたのですが、３日も持たずに挫折です。結局、ボーナス（これもほとんど使ってしまっていましたが）の残りを気持ち程度に貯金するのがやっとで、社会人２年目までに貯められたのが、約40万円という金額でした。

そんなわたしが節約に目覚めたのは、２０１８年10月のこと。

そして、約４年が経過した２０２２年８月には、

借金１８０万円（※２０２１年に１５７万円を繰り上げ返済）

資産１２００万円

５年前では考えられないような資産をつくることができたのです。借金分を差し引いた純資産では１０００万円です。なお、奨学金は無利子のため、無理をして早めに全額返済をすることは考えていません。

「たまたま投資で儲かったのでは？　たった数年、それも節約だけで1000万円なんて無理でしょ」

「投資なんて、みんなが成功するわけじゃないよ！」


そう思う人もいるでしょう。

実際のところ、投資にも取り組んでいます。詳しくは第5章に書きますが、節約によりつくった貯金を使って、米国インデックス株を中心に積極的に投資を行い、資産に占める金融商品の割合をどんどん増やしているのです。

でも、資産1200万円を達成した時点で、投資で得た利益は150万円ほどです。

つまり、**資産（現金＋金融商品）のうちの1000万円は、節約で手にしたもの**なのです。その後も節約を継続し、2023年には投資の利益を除いても資産1000万円を超えました。

「人よりお金を使わないこと」は誰でもできる

「わたしってすごいでしょ！」とマウントをとりたいわけではありません。
みなさんに伝えたいのは、この言葉です。

「人より稼ぐこと」は、なかなか難しいけれど、
「人よりお金を使わないこと」なら誰でも絶対にできる。
そうするだけで、1000万円は確実に貯められる。
ズボラでダメダメだったわたしでもできたのだから、あなたにもきっとできます。

わたしははっきりいって、超平凡な会社員でした。GAFAのような世界的に有名な企業や、誰もが知るような大手一流企業でバリバリ稼いでいたわけではありません。
中小規模の某製造業に勤め、工場勤務の作業服姿で平凡な収入で働いていました。

高校時代に父の勤務先の業績が悪化し、家計が傾いてしまったため、大学と大学院の学費のために奨学金を借りていました。6年間の総額は477万円。奨学金の借入額の中央値は約279万円なので（労働者福祉中央協議会「奨学金や教育費負担に関するアンケート報告書」2022年より）、社会人1年目から、かなりヘビーな負債も負っていました。

「節約オタク」として目覚めてからは、毎月2万7000円の奨学金返済をしながら、「できることはなんでもやる！」という意識で節約に取り組み、年間支出を120万円に抑えることに成功しました。

そして、短期間のうちに資産1000万円を達成したのです。

無駄遣いの原因となる浪費メンタルを見直し、誰にでもできる簡単なテクニックで節約を習慣化し、節約が楽しくなり、お金もどんどん増えていく――。そんな貯金メンタルがどうして生まれ、どのように育まれたのか。

まずは、わたし自身の「節約の歴史」を、みなさんにお伝えしたいと思います。

SAVING MONEY

「贅沢していないのに、お金が全然貯まらない」という現実

まだ貯金メンタルの節約オタクではなかった2017年、24歳のわたしは大学院（修士課程）を卒業し、社会人になりました。3年間在籍した最初の会社の基本年収は350万円。そこに残業代を加えて、年収は約400万円でした。毎月の手取りとしては、17万円～23万円という金額です。

この額は、人によっては「新卒としては高収入」と思われるかもしれませんし、「まあ、そんなもんじゃない？」と思う人もいるでしょう。

統計データによると、20代の男性の年収平均は約329万円、女性は275万円、男女平均で305万円ですので、平均と比べると恵まれていたといえるかもしれませ

ん（国税庁長官官房企画課「平成28年分民間給与実態統計調査」）。

でも、たとえそうであれ、事実として**当時のわたしは「まったくお金が貯まらなかった」**のです。**その理由は単純で、「お金を使い過ぎていた」から。**

しかも、当時のわたしは浪費を浪費と認識できておらず、「全然、無駄遣いもしていないのに、なんでお金が貯まらないのだろう？」と思っていました。

具体的に、当時のわたしの支出を次ページの表にまとめてみました。

毎月の手取り17万円〜23万円から、家賃、通信費（携帯代）などの固定費があり、車を持っていたのでガソリン代が月５０００円ほどかかります。そこに、やっかいな奨学金の２万７０００円が重くのしかかっていました。

それ以外の部分では、美容院やコスメ、服にはそれなりにお金をかけたかったので、変動はありますが月２万円程度、趣味のゲームやマンガにも月２万円ほど使っていました。

24歳から25歳までのわたしの1カ月の平均生活費

項目	支出
家賃	¥66,000
ガソリン	¥5,000
食費	¥40,000
奨学金返済	¥27,000
光熱費	¥11,000
美容・服	¥20,000
書籍	¥0
趣味（ゲーム・マンガ）	¥20,000
通信費	¥12,000
医療費	¥1,000
日用品	¥3,000
合計	**¥205,000**

贅沢なんてしてないのに、
給料が全部消える！
どうして？

食費は、毎日のお昼ごはんをコンビニで買うか、同僚と1食1000円くらいのランチを食べる、夕食は週に1回～2回ほどは友だちやパートナーとの外食です。とはいえ、都会の高級店などではなく、当時の自宅近くのファミレスで1000円～1500円程度の食事でした。

「浪費してたっていうけれど、そんなにすごい贅沢はしてないんじゃない？」

そう思いませんか？　当時のわたしもそう感じていました。週1回～2回の外食だって、「回数は少ないし、金額も安く抑えているほうだよね」と思っていましたし、十分に節制しているつもりでした。それなのに、お金は貯まらないし、ちょっとした出費で赤字になって、なけなしの貯金が減ってしまうのです。

むしろ、「慎ましく生きているのに、どうしてお金がなくなるの？」と悩み、「わたしはこんなに頑張っているのに、お金がないのは給料を上げてくれない会社が悪い！いや、いまの社会が悪い！」と、怒りを覚えるとともに、自分の生活状況に絶望していたのでした。

SAVING MONEY

「ライフプランシミュレーション」でわたしの未来は破綻していた

中学生の頃、アインシュタインの一般相対性理論の本を読んで感動し、物理学の研究者を志しました。でも、**夢を持って大学院まで進学したものの、そこにあったのは「お金の苦しみ」**でした。

大学院の修士課程では、奨学金を借りて年間60万円以上の学費を払い、両親から仕送りをもらってひとり暮らし。そうまでして入った研究室でしたが、研究者の道は厳しく、将来の収入面でも、雇用がとても不安定で、先の見通しが立ちづらいという現実がありました。

そんな研究生活の苦しさに疲弊し、お金や将来への不安によって心は落ち込み、たった1年で心療内科に通うようになってしまったのです。ものすごく悩みましたが修士課程で物理学の道をあきらめ、収入や雇用が安定している一般企業に就職することにしました。

「夢をあきらめてまでほしかった安定が、ようやく手に入るぞ！」

そう思って新卒で入った会社は、かなり企業風土が古い会社でした。偉い人の、いわゆる〝鶴の一声〟でものごとが決まったり、開発職のエンジニアとして「いい製品を提供したい」と思っても、「前例がない」という理由で企画をとおしてもらえなかったり……。

さらには、男性中心の職場環境で、残念ながらセクハラやパワハラも横行していました。

仕事のストレスが募るなか、「この仕事なら収入面でも安定しているから、将来の計画も立てられる」と思っていたのに、お金もまったく貯められない。

わたしには当時、学生時代から交際しているパートナーがいて、人生をともに過ごせたらいいなとぼんやり考えていました。でも、**はたして「結婚」や「出産・子育て」「マイカー」「マイホーム」「幸せな老後」――そんな、たいそうお金のかかりそうな未来はわたしたちに実現できるのだろうか……？**

現実を知ることで人生を変える決意ができた

そのような不安がどんどん大きくなり、銀行などが無料で行っている「ライフプランシミュレーション」を試してみることにしたのです。

ライフプランシミュレーションとは、現在の収入やライフスタイルから、生涯の収支や貯蓄額を予想してくれるサービスです。

WEBサイトの画面に現在の年齢や収入、貯金額を打ち込み、結婚はいつ頃するのか、子どもは何人か、旅行は年に何回くらい行きたいか、車や住宅をいつ買うのかなどといった人生設計を入力し、シミュレーションスタートです。

結果を見て、わたしは言葉を失いました。そのシミュレーションでは、わたしの将来設計は破綻していたのです。結婚後の資産推移はマイナスで、老後はおろか、子育てにも行き詰まるという結果が出ていました。

自分なりに条件設定を緩めてみても結果は厳しく、**「わたしが思い描いていた生活って、このままでは実現しないんだ……」**ということをはじめて実感したのです。それまでは、「人生設計」というものにぼんやりしたイメージしか持っていませんでしたが、シミュレーションをやってみたことで、家や車などにかかってくる費用や、子どもの養育費の高さ、老後に必要な資産など、人生のなかで起こり得る厳しい現実を教えられました。

このライフプランシミュレーションが、わたしにとっての大きな転機となりました。現実を知ったということもありますし、**人生のプランを自ら考えて打ち込んだことで、漠然としていた将来の理想やイメージが明確になった**というわけです。

「このままではダメだ。できることはなんでもやって未来を変えよう！」

それまでのわたしは、「自分は頑張っている」ということだけを信じ、うまくいかないことや苦しいことの原因を、会社や社会などの〝他者〟に押しつけていました。

そうではなく、**「自分で責任を持って、自分の人生を変えていこう」というスイッチが入った**のです。

「どの会社で働くか？」で自分の価値は大きく変わる

2019年、26歳のときに3年勤めた最初の会社を辞めて転職をしました。決断のきっかけは、会社の業績悪化により、手取り月収が大幅に減少したことです。

収入自体は、会社の業績が好転する、あるいは、わたし自身がキャリアを積んでいけばいずれ戻ったのかもしれません。でも、収入減が引き金になって、働き方への不満、セクハラやパワハラなどのアンモラルへのストレスが爆発したことで、「辞めよう」と決心したのです。

当時はストレスのせいで日常的に口内炎やニキビ、肌荒れに悩まされ、精神的にも不安定で、些細なことですぐに泣いてしまうような状態でした。それこそ、せっかくの休日なのに、体が重たくて動けないなど、心身ともに弱り切っていたのです。

「もう少し気持ちよく働ける職場ってないのかな?」という疑問から、複数の転職エージェントに依頼してみたところ、いまの職場よりも年収が上がったり、福利厚生などが充実していたりする転職先候補を複数紹介され、「いままでのわたしの価値って、なんだったの?」と、いい意味で衝撃を受けました。

それまで給料とは、いまいる会社で一生懸命に働いて貢献し、自分の実力や実績を高めることで上がっていくものだと勝手に決めつけていました。

だから、ストレスがあっても「我慢して頑張らなきゃ！」と考えていたのです。

しかし実際は、**「どの会社で働くか」でわたしの価値も給料も大きく変わる**のだと、そのときはじめて理解しました。

結果として、新たな転職先では年収が150万円もアップ！　生産体制や同僚・上司とのコミュニケーションはロジカルかつ合理的で、以前の会社と比べてストレスも格段に減りました。わたし自身の価値も、仕事内容もほとんど変わっていないにもかかわらず、です。

「そんなの、転職ではよく起こることでしょ？」と思うかもしれませんが、転職のなんたるかがわかっていなかったわたしにとっては、これも大きな経験となりました。

特に新卒ではじめて入社した会社だと、それが本当に自分に適した仕事なのか、自分のやりたいことなのかなど、判断がつかないこともあるはずです。

また、いまの会社ではあたりまえのスキルが、業界を変えると「希少で価値のあるスキルになる」ということも多いとされます。

いまの仕事や職場が「自分に合っている」と感じていればなんの問題もありませんが、強い不満やストレスを抱えている場合には、別の会社や業界に移ることを選択肢に入れてみるのもいいと思います。


節約で支出を減らし、収支を改善することがこの本のメインテーマですが、やはり**収入が多ければ多いほど、より貯蓄を増やしやすく有利になる**のは当然です。

実際に節約生活をはじめてみると、このことをより強く実感するはずなので、いまの職場や働き方に不満があるという人は、人生設計のひとつとして転職を真剣に考えてみるのもありです。

「こんな人生を送りたい」という夢が節約の原動力になる

転職を機に大きく変わったのは、年収だけではありませんでした。

年収アップが資産1000万円達成を早めたことは紛れもない事実ですが、そこは本質ではありません。

収入が上がっても、それまでと考え方を変えずに生活をしていたら、浪費する金額が増えるだけ。「ステージが上がった」と勘違いして、資産形成には至らなかったでしょう。

収入が増えたぶんだけ「ちょっといいもの」がほしくなり、それまでは敷居が高かったホテルのアフタヌーンティーに通ってみたり、美容院でランクも値段も上のト

第2章　人生を変えた「節約生活」との出会い

リートメントを選んでみたりして、結局、散財する金額が増えただけだったに違いありません。

わたしが「貯金メンタル」に目覚めたのは、そもそもの転職の目的だった「職場環境の改善」がきっかけでした。**「ストレスが減ったことで、節約に取り組めるようになった」**のです。

少々乱暴なロジックに感じられるかもしれませんが、**節約ができない理由とは、結局のところ「気持ちを持続できない」**ことにあります。

転職する前も、何度も「節約をしよう！　お金を貯めるんだ！」という決意はしていましたが、それこそ3日も継続できませんでした。

ストレスフルな生活を送っているときは、「ほしいものを我慢する」ことはストレスでしかなく、そんなストレスを上積みすることに心が耐えられなかったのです。

節約のために「自炊をしよう」とやる気を出しても、仕事で心身ともに疲れ果てて夜遅く帰ってきてから自炊するのは、相当しんどいですよね。「タイパ（＝タイムパフォーマンス：時間効率）が悪いやり方はダメだな」「こんなに仕事を頑張っているのだから、時間をお金で買おう。それは悪いことではない」などと、節約を継続させない理由はいくらでも出てきます。

「お菓子の間食をやめよう」↓頑張っているし、甘いものでリフレッシュしてもいいよね。

「水筒持参で飲み物を節約だ！」↓数百円のために疲れて帰ってから洗い物を増やすのはムリ！

「スマホを安いキャリアに替えよう」↓スマホくらい快適に使いたい。通信エラーでイライラしたくないよ。

がんばってるから
いいよね…
ストレス
1000

あらゆる節約への意欲とチャレンジが、

「これ以上ストレスを増やしたくない」

「頑張っているのだから、これくらいはいいだろう」
というような、ストレスを理由にした甘えや言い訳に抗《あらが》えず頓挫しました。そのたびに自己嫌悪を抱き、またストレスを増やすばかりでした。

転職による、嬉しい生活の変化は、「学びの時間」を得られたことです。

毎日ではありませんが、週に何度か定時上がりができるようになったことで、夜のプライベートの時間が増えたのです。

しかし、いま考えてみると、以前の職場で働いていたときも「時間がまったくなかった」わけではありませんでした。帰宅後や予定のない休日に、ダラダラとスマートフォンを眺めていた時間はたくさんあったわけで、その時間をもっと有意義に使えばよかったなと反省しています。

生活の変化により、節約や資産形成に関する本を読み漁《あさ》ることができました。また、マネー系のＹｏｕＴｕｂｅチャンネル視聴を日課にして、気に入ったチャンネルは繰り返し観て学び、それまでの意志薄弱な「節約意識」を知識で強化し、さらには、株式投資をはじめとする金融知識も身につけていったのです。

「FIRE」という新しい目標との出会い

その過程で、「FIRE」という概念を知りました。

FIREとは、「Financial Independence（経済的自立）」と「Retire Early（早期リタイア）」の頭文字を取った言葉です。定年退職を待たずに会社員を辞めて、蓄えた資産や不労所得で生活することを指しています。

FIREには、いくつかの種類があります。

- バリスタFIRE

↓資産形成し、生活費の半分程度をパートやアルバイトでまかなう暮らし。

- サイドFIRE

↓基本的な生活資金を蓄え、フリーランスとして働く暮らし。

●リーンFIRE

↓倹約的な暮らしによって、少ない生活資金でやりくりする暮らし。

●ファットFIRE

↓完全に仕事を手放し、なにもせず優雅に暮らすこと。

一般に「FIRE」というと、「ファットFIRE」をイメージされていると思いますが、ある程度の経済的な自立ができる資金を蓄え、会社員としてのフルタイム勤務から離れるというだけでも、すでにFIREの一種なのです。

転職前までは、「このままではあたりまえの生活を続けることも難しいかも……」と不安を感じてイライラしていたわたしが、マネーリテラシーを少し身につけたことで、「自分も頑張ってFIREを目指したい！」と新しい世界への期待に目を輝かせることができたのですから、学びは本当に心を豊かにしてくれるものだと実感します。

転職をしたことで職場でのストレスは格段に減りましたが、それでももちろん、ゼロというわけではありません。また、根がズボラでめんどくさがりやのわたしは、「毎日、朝起きて会社に行かなくていい」「不労所得で生きていける」というFIREに強烈な憧れを覚えました。

「できることなら会社員を辞めたい」

「好きなことをして自由に生きていきたい」

そんな**夢と憧れが、節約生活の原動力になった**のは間違いありません。

節約に関する先人たちの知識に加え、FIREという将来のビジョンを得たことで、わたしの節約へのモチベーションはMAXな状態になりました。

では、知識と目的意識さえあれば、「これがほしい！」「あれが食べたい！」という欲望を抑えられるかというと、それだけでは限界があります。

どんなにしつけられた犬や猫だって、お腹が空いていれば「待て！」といわれても目の前の食事を我慢することは難しいですよね？　もちろんそれは人間も同じで、ストレスが溜まっていれば「物欲を満たして解消したい」と思うものです。

ですから、**知識と目標に加え、自分の心と向き合い、ストレスとのつきあい方を身につけられたことが、わたしが貯金メンタルに変わるうえでの重要なファクター**でした。

筋トレなどもそうですが、「習慣化」するまでは、なかなか苦しいものです。そのしんどい時期を乗り越え、習慣化したいことを繰り返すうちにいつしか苦しさは消え、逆に「やらないと気持ちが悪い」という心理状態になっていきます。

節約もまた、**はじめは「我慢がつらい」と感じるかもしれませんが、だんだんと「節約しないと気持ちが悪い」状態に進化します。そして、節約したことで得られる貯金がご褒美となって「節約って楽しい！」と思えるよ**うになります。

これがわたしの考える、「貯金メンタル」へのプロセスです。

このときに学んだ書籍やＹｏｕＴｕｂｅチャンネル、そしてストレスの克服法については、第３章で詳しく説明していきます。

SAVING MONEY

お金の不安をなくしたければ「貯蓄率」をアップせよ

ここまでを読まれて、「なんやかんやいうけれど、それでもやっぱり収入アップが大きかったんでしょ?」という声もあるでしょう。

それはもちろん、否定しません。極端な話、手取りの年収が1000万円の人は、生活費に700万円を使っても、約4年で1000万円が貯まってしまうのだから、収入の力は偉大です。

ただし、年間700万円を使う人にとっては、1000万円の貯蓄はあまり安心にはつながらないでしょう。なぜなら、その人にとっては、「1年ちょっとの生活費にしかならないから」です。

でも、年収が５００万円で３００万円の生活費を使っている人であれば、１０００万円は「約３年分の生活費」という大きな安心につながります。仮に「生活費３年分の貯蓄」が安心感のラインだとしたら、７００万円を使う人は２１００万円が必要ということになります。

なにがいいたいかというと、**わたしたちの貯蓄による安心感は「年収」ではなく、「貯蓄率」で決まる**ということです。

貯蓄率とは、「手取り収入に対して、どのくらいの貯金ができたか」を表す数値です。貯蓄率が高いということは、おのずと収入に比して生活の支出額（生活費）が低いため、「何年分の生活費か」という点で、貯蓄額の価値が高くなります。

金融広報中央委員会がまとめた統計データによると、**平均貯蓄率はおよそ8％～16％**で、20代は「単身世帯」でも「二人以上世帯」でも16％が平均です（「令和４年家計の金融行動に関する世論調査」）。つまり、年収３００万円（手取り約２４０万円）なら年間で38万４０００円、年収５００万円（手取り約４００万円）なら年間

64万円くらいが一般的な貯金額ということです。
みなさんは、ざっくりどのくらいの貯蓄率になるでしょうか。

もともとズボラで浪費ばかりしていた以前のわたしにとって、貯蓄率16％は雲の上のような数字です。当時のわたしの貯蓄率は、5％程度でしょう。しかし残念ながら、5％はもちろんのこと、**平均貯蓄率の16％でも、長い人生に安心を得られるほどの貯金額には達しない**のです。

次ページのグラフは、FIREの世界ではバイブルのように扱われる、クリスティー・シェン／ブライズ・リャン著『FIRE 最強の早期リタイア術 最速でお金から自由になれる究極メソッド』（ダイヤモンド社）に記されているグラフを、わたしなりに見やすく整理したものです。

この本では、「FIREには年間支出（生活費）の25倍の資産が必要」としたうえで、具体的に早期リタイアまでの年数をグラフで示しています。
縦軸を「リタイアまでの年数」、横軸を「貯蓄率」とし、いまの資産を投資に回し

年代別の平均貯蓄率（％）

年 齢	単身世帯	二人以上世帯
20歳代	16	16
30歳代	15	14
40歳代	16	12
50歳代	13	13
60歳代	10	11
70歳代	8	9

出所：金融広報中央委員会「令和4年 家計の金融行動に関する世論調査」

リタイアまでの年数（年）と貯蓄率（％）

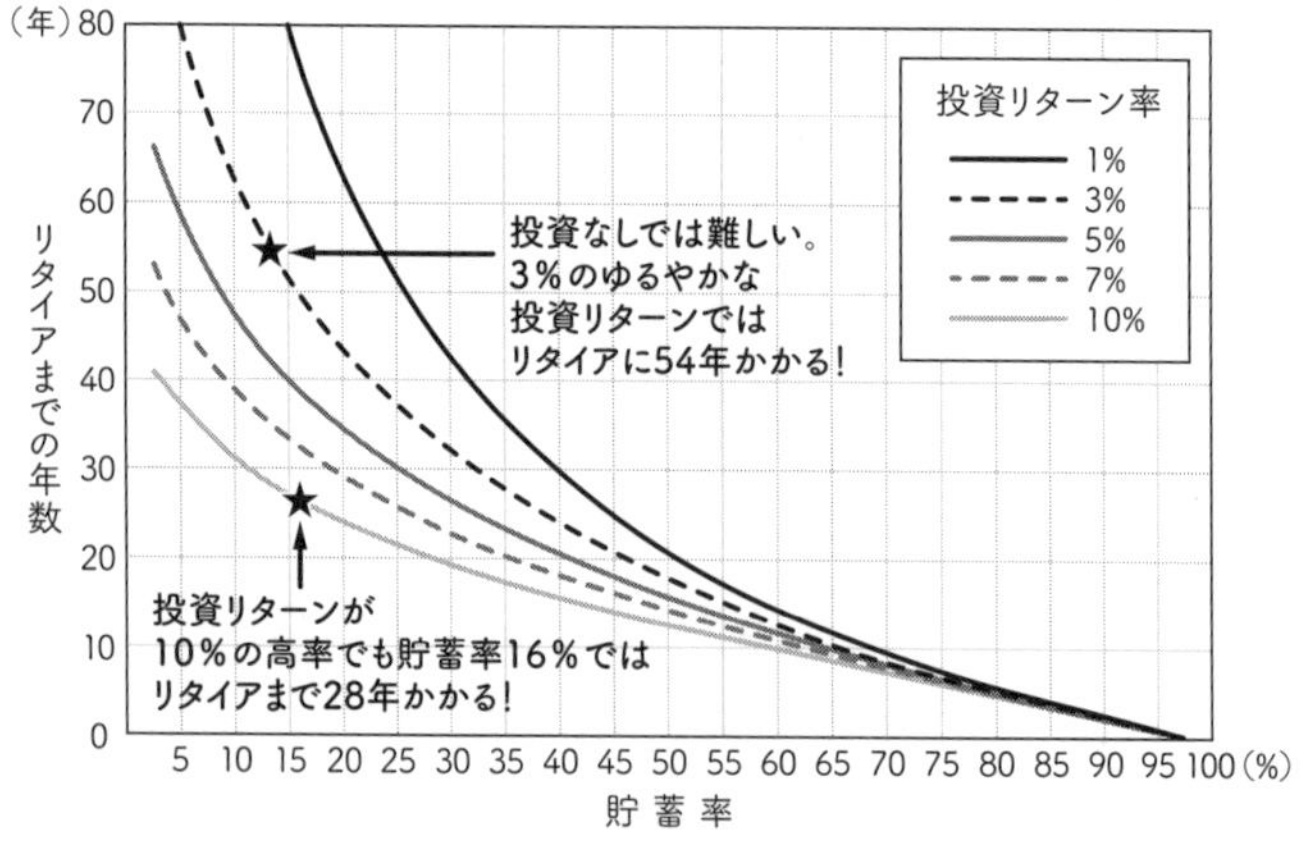
（年）
リタイアまでの年数
貯蓄率
（％）
投資リターン率
1%
3%
5%
7%
10%
投資なしでは難しい。
3％のゆるやかな
投資リターンでは
リタイアに54年かかる！
投資リターンが
10％の高率でも貯蓄率16％では
リタイアまで28年かかる！

出所：『FIRE 最強の早期リタイア術 最速でお金から自由になれる究極メソッド』（ダイヤモンド社）掲載のデータを一部改変

貯蓄率が平均的（16％以下）なままだと、
投資がうまくいっても定年までに
リタイア（FIRE）できる可能性が低いよ！

た場合の「投資リターン率」によってグラフの傾きが変わっています。

平均貯蓄率の16％は、前ページのグラフではほぼ左隅です。貯金をすべて投資に回し、なおかつ投資に回した分が安定して10％のリターンを生む状態だとしても、ＦＩＲＥできる資産が貯まるまでに28年かかります。

まして、投資のリターン率が３％なら54年かかってしまい、現実的に見てＦＩＲＥは不可能だということがわかります。

FIREを目指すなら投資率より貯蓄率

具体的な数字にしてみましょう。年収５００万円（手取り約４００万円）で貯蓄率16％の場合、３３６万円は使ってしまうけれど、毎年64万円は貯金できている状態です。年間64万円も貯金していると聞くと、「しっかりしている人だな」という印象を持つのではないでしょうか。

でも、ＦＩＲＥに必要な「年間支出の25倍」にあたる８４００万円（年間支出３３６万円×25年）には、この貯金だけでは１００年かかっても到達できません。

では、「投資をして投資リターン率を高めればいいじゃないか」と思っても、投資の成否はあくまで市場経済で決まる不確実なものです。投資先を選ぶことはできても、自分でリターンを確実にコントロールすることなどできません。

それなら、**自分でコントロールできて、しかも投資効率よりもFIRE達成の可能性を高めてくれる貯蓄率を上げていくほうがいい**のです。

もちろん、なかには投資で年利10％以上の利益を得ることに成功している人もいます。そのため、「節約して貯蓄率を高めるより、投資のリターンを高めればいいんだ！」と考える勝負師気質の人もいるでしょう。

でもそれは、ひと握りの人しか成功できない難易度の高い道です。一般的に手堅い投資とされているインデックス投資のリターンは、おおよそ年率５％〜６％程度です。そこで、成長性のある個別銘柄株を買うなど、インデックス投資以上の成績を目指す「アクティブ投資」を行えば、ＦＩＲＥの達成は早くなるはずです。

しかし、アクティブ投資で実際にインデックス投資以上のリターンを得られるのは、

リタイアまでの年数（年）と貯蓄率（％）

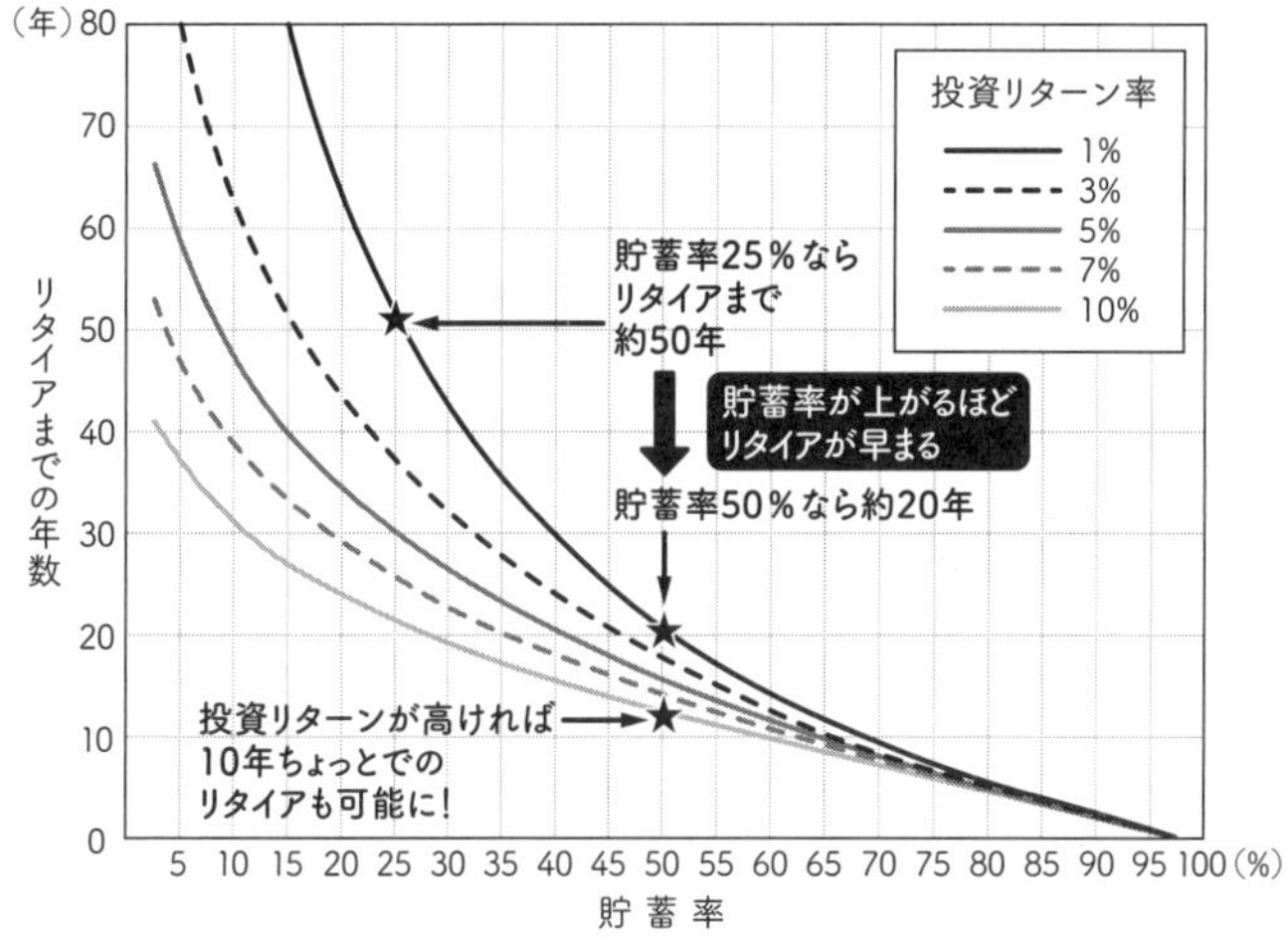

出所：『FIRE 最強の早期リタイア術 最速でお金から自由になれる究極メソッド』（ダイヤモンド社）掲載のデータを一部改変

プロのファンドマネージャーですら、1割以下といわれる厳しいものです。まして、プロではないみなさんがアクティブ投資をすれば、一時的に成功することはあっても、長期的にトータルでインデックス投資の年率5％～6％のリターンを上回ることは、非常に難しいと考えるべきでしょう。

それよりも、貯蓄率を高めるほうが、確実にＦＩＲＥの実現は早まります。前ページのグラフは、先ほどの「リタイアまでの年数と貯蓄率」のグラフです。**貯蓄率を50％にすれば、投資リターン率が1％でも20年ちょっとでＦＩＲＥを達成することができる**のです。

年収500万円（手取り約400万円）なら、年間支出を200万円に抑え、残り200万円を貯蓄しつつ投資に回すということです。

そうすれば、20年と少しの期間で資産が5000万円（年間支出200万円×25年）となり、以降も同じ生活レベルを維持すればＦＩＲＥは実現します。

「半分も貯蓄に回すなんて無理だよ」。そういいたくなるかもしれません。しかし、ズボラで浪費癖があるはずのわたしでも、実際にできてしまったのです。

次のページの表は、わたしが転職してFIREを目指しはじめ、ゴリゴリの節約生活を行っていた2020年9月の生活費の内訳です。

手取りの収入約24万円に対し、支出は約11万円、貯金は約13万円です。

「家賃4万円台、食費1万円台って、どんな生活だよ？」とツッコミたいところはあると思いますが、詳細な節約内容は第3章や第4章でお伝えします。

転職によってストレスが激減し、金融知識と節約意識を高めた結果、節約生活を開始した2019年には毎月の支出（生活費）を15万円以下に抑え、年間250万円の貯金に成功。翌2020年には年間300万円貯金を目指し、毎月の支出を最少で10万円台にまで落としていました。

計画どおり、2020年12月に年間貯蓄300万円を達成し、さらにモチベーションが上がって翌2021年にはコンスタントに生活費は月10万円台をキープ。

2020年9月の生活費の内訳

項目名	金 額
住 宅	¥43,080
教養・教育	¥26,971
水道・光熱費	¥13,460
食 費	¥11,346
通信費	¥5,920
自動車	¥5,262
日用品	¥2,958
趣味・娯楽	¥110
支出合計	**¥109,107**

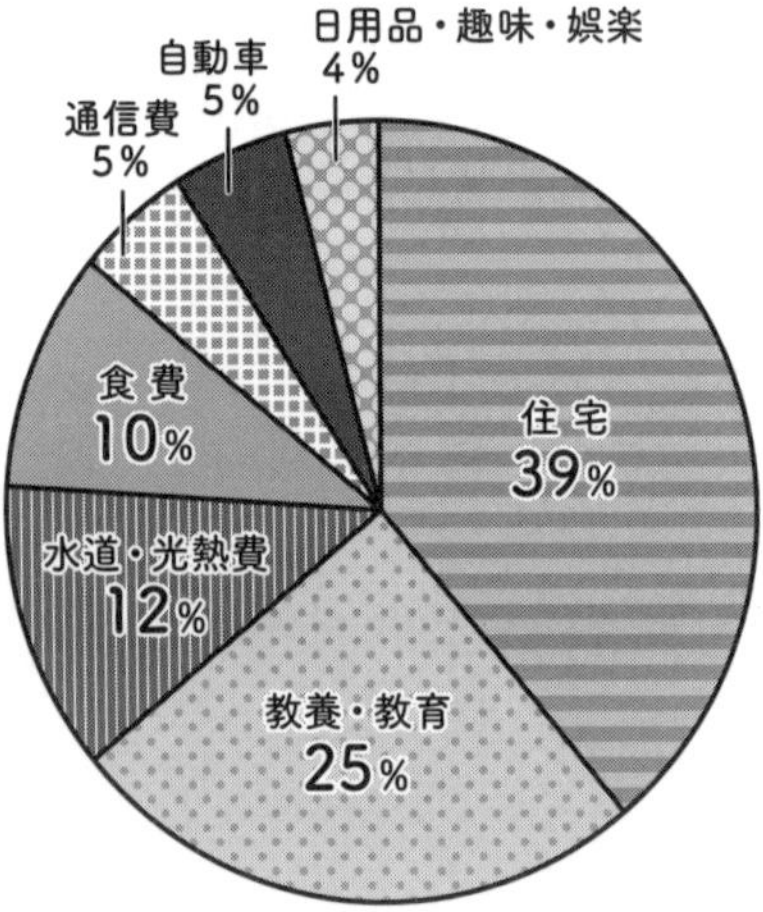

節約習慣が貯蓄の成果を生み、それが喜びや快感となって節約がどんどん楽しくなる――。

これが、わたしがみなさんに提唱する「貯金メンタル」です。

ここで注目してほしいのは「貯蓄率」です。当時の手取りの年収は470万円のため、**「貯蓄率64％」**を達成。**20年以内のFIRE達成も夢ではない貯蓄率50％超を「本当にやってしまうヤツがいる！」**という事実を、みなさんに知っていただきたくてこの家計簿を公開しました。

さらにつけ加えると、先ほどの支出のうち「教養・教育」の2万6971円は、実は奨学金返済です。それがなければ貯蓄率は70％を超え、20年以内のFIREは確実になります。

「小さなことの積み重ね」がお金の不安を解消してくれる

「貯蓄率60%」は、かなりインパクトがあるので、「節約オタクが、なりふり構わず節約を頑張ったんだろうな。まあ自分にはできないけど……」と引いてしまうかもしれません。

でも、特別なことはなにもしていません。わたしはファイナンシャルプランナーなどのお金の専門家ではありませんし、歯を磨くのも、お風呂に入るのも面倒だと思っているような、ズボラ人間です。

そんなわたしが、なぜここまで節約できたのか？

それは、

「毎日少しずつ時間をつくって自分のストレスと向き合ってみる」

「お弁当づくりのために週末に1週間分の野菜を切る」

「格安スマホへの乗り換えのために、15分だけ調べ物をしてみる」

そんな、**小さなことだけをひたすらやっていたから**なのです。

一つひとつの作業は、どれも簡単で誰にでもできてしまうことばかり。その小さな積み重ねが、大きな成果となって表れたのです。

積み重ねたことの具体的な内容については、この本の第3章、第4章で書いていきます。

節約の力ってすごくないですか？

「これなら自分にもできるかもしれない」と思えてきませんか？

「老後2000万円問題」など、将来のお金の不安は尽きませんし、2023年は増税問題がメディアで取り沙汰され、SNSでもたくさんの不安の声を見聞きします。

そんな「お金の不安」から解放されるには、めちゃくちゃ稼ぐ必要はないのです。

無駄な支出を減らして資産を蓄えることでも、お金の不安から解放されるのだと、わたしは実体験から知ることができました。

わたしは、まだＦＩＲＥを達成できていませんが、「1年間で３００万円貯金できた」という実績を得たことで、**「わたしは大丈夫だ。この先もきっとお金の不安なく生きていける！」**という自信と安心を得ることができたのです。

ぜひみなさんにも、この安心感と万能感を体験してほしいと思います。

わたしがみなさんにお伝えすることが「たくさん稼ぐ方法」なら、きっと自分の持つすべてのノウハウを伝えることはできないでしょう。なぜなら、すべてを伝えたら〝競合〟になってしまうからです。

でも、節約は誰とも競合しません。だから、なにも隠すことも惜しむこともなく、みなさんにおすすめできます。

そして「わたしにもできるかな？」と問われれば、はっきりといえます。

「あなたにも、絶対にできます！」

もし、**すでに少しでも貯金できているなら、才能あり**です。

貯金がなくても、浪費がすごくても、この本を手に取っている時点で、みなさんは

「変えよう！」という意識を持った、「伸びしろの塊」だと思います。

はじめは我慢することが増えたような気がしてつらい思いになることもあるかもしれませんが、それを乗り越えれば「貯金メンタル」は必ず育っていきます。わたしのできる限りの経験を本書でお伝えしますので、お金の不安から解放される日まで、一緒に頑張りましょう！

SAVING MONEY

攻めの姿勢で「入ってくるお金」自体を増やしていく

節約によって支出を抑える一方、同時に収入も増やすことができれば、それだけ貯蓄率は高まります。先にお伝えした転職による収入アップのほか、**時間の許す範囲**

で副業や投資にもチャレンジできると、「攻めの資産形成」を目指していけるでしょう。

わたしが取り組んできた副業については第5章に書きますが、副業でもっとも確実に追加収入を得られるのは、ダブルワークでアルバイトなどを行うことです。終業後の夜間や、土日・祝日などの休日にシフト制の仕事をして、収入を得るというやり方ですね。

収入を増やしたいと考えたとき、ダブルワークの道も検討してみたのですが、残念ながらわたしには向いていませんでした。「1日8時間以上、平日に週5日働いてから、さらに頑張ろう！」と思える体力や気力がなかったのです。

わたしにとって、週末に大好きなマンガを読んだりゲームをしたりする時間は最高の楽しみであり、ストレス解消でした。その時間を割いてまで、収入を増やそうとは思えなかったというわけです。

もちろん世の中には、週5日の勤務をこなしながらダブルワークでバリバリ仕事をしている人もたくさんいるので、副業OKな職場に勤めていて体力や気力に余裕があり、別の仕事に取り組むことで精神的にも充実できるという場合は、ぜひ試してほしいと思います。

出不精で、めんどくさがりやのわたしは「ダブルワーク以外で収入を得られるやり方はないのかな？」と書籍やネットの情報を調べ、自宅にいながら短時間でできる副業をいろいろと試してみることにしました。

- 不用品をメルカリで売却
- ライター
- プログラミング
- ブログやYouTubeなど

いろいろと試してみたものの、ライター、プログラミングなど、労働の時間と量が収益に直結する仕事は、わたしには不向きでした。手堅く収入が得られるメリットはあるのですが、これでは本業で残業をするのと変わらない……という状態で、逆にストレスが溜まってしまったのです。

一方、**ブログやYouTubeは自分のペースでできるのが魅力**です。最初のうちは収益化など夢のまた夢でしたが、1年間の無収入状態が続いたあと、少しずつ軌道に乗って収益が出はじめました。また、メルカリでの販売も、すきま時間でできる手軽さと、「売れた」という成功体験が嬉しくて、継続することができました。

さらに、転職後に金融知識をしっかり身につけたことで、節約生活と同時に株式投資もスタートさせました。

株式投資というと、モニターに映るチャートに張りついて売買し続けるイメージを持つ人もいるかもしれませんが、それはあくまでもデイトレードの話です。わたしは、長期投資で毎月積み立てるだけの全世界株インデックス投資を基本スタンスにしています。これなら、頻繁に株式をチェックする必要もなければ、相場の変動を受けて慌てて売買を行う必要もありません。

面倒な作業や考えなければいけないことが少ないので、ズボラなわたしでも、節約生活を実践しながら問題なく続けることができました。

副業は、資産1000万円を達成した時点（2022年3月）では、わたしの資産形成にほとんど貢献していませんでした。2022年の3月までのYouTube収益は13万円でしたので、資産形成に貢献したのは、この13万円だけです。しかし、貢献度がそこまで高くなくとも、ブログやYouTubeを通じて節約や投資について発信することが、マネーリテラシーを高めるとともに、節約継続のモチベーションとなりました。

一方、投資は保有していた金融商品が約150万円の投資利益を生み出し、資産形成にしっかり貢献してくれました。

その後も節約と投資を継続するなかで、ありがたいことに副業だったブログとYouTubeの収益性が次第に大きく向上したため、「自営業に挑戦してみたい」という理由もあり、副業だったものを本業とする覚悟を決め、2022年5月に会社員を辞めて現在に至ります。

わたしの場合は「節約・副業・投資」をほぼ同時にスタートさせましたが、節約生活は、人によって、はじめのうちは「しんどいな」「我慢ばっかりだな」と感じてしまうことがあります。

一気にすべてをやりはじめてしまうと、「節約だけでも大変なのに……」とモチベーションが下がってしまい、続けることが難しくなる可能性もあるでしょう。よって、**副業などで収入を増やそうとするのは、節約が無理なく習慣化され、それが日常生活になってからで十分**だと思います。

まずは、**「節約からはじめよ」**ということを忘れないでください。

第3章

初心者でも続けられる！節約の超基本【固定費削減編】

「家計簿めんどくさい」の壁を越えるコツ

第1章でもお伝えしたように、貯金は「メンタルが9割」です。よって、お金を貯められる人になるためには、節約のテクニックを知る前に、まずはメンタルを整えることが必須です。

第1章、そして第2章で「貯金メンタル」をつくるためにわたし自身がやってきたことや、考え方のコツをお伝えしましたので、ここからは「テクニック編」に入っていきます。

わたしが資産1000万円を達成するために行った具体的な節約法のなかから、本当に使えるもの、効果のあったものを厳選して紹介します。

第3章でおもに固定費、第4章で変動費（生活費）について触れていきましょう。

節約を実行するにあたり、**必要不可欠なツールが「家計簿」**です。

「そんなことは知ってるよ！」「でも、めんどくさくてできない」と思われるかもしれません。わたしも最初は、同じ気持ちでした。

でも、やっぱりこれがないとお金を貯めることはできません。

「家計簿を制する者は節約を制する」です。

家計簿なしで節約や貯金をはじめようとするのは、料理をまったくやったことのない人が、レシピを見ずに料理をはじめるようなもの。あるいは、いちども登ったことのない険しい山に、地図も装備もなしで登るようなものといえるでしょう。

「貯金メンタル」で大切なのは、お金に対する自分軸や優先順位を明確にすることだとお伝えしましたが、そのために避けてとおれないのが、「自分がいつも、なににい

くらお金を使っているのかを把握すること」です。
例えば、こんなケース。

◎Aさん（30代女性）
・優先順位：服が大好きなので、もっと服にお金を使いたい。
・家計簿でわかったこと：仕事中、毎日コンビニで400円くらいお菓子や飲み物を買っている。400円×5日間（月曜～金曜）×4週間＝月8000円を削ることができれば、そのぶんを服の購入費に回すことができる。

◎Bさん（40代男性）
・優先順位：旅行に行くのが趣味なので、年に数回は海外か国内を旅行したい。

・家計簿でわかったこと：毎月スマートフォンのゲームに2000円くらい課金している。飲み会の誘いを断るのが苦手で、平均して月に2万円くらい使っている。課金2000円×12カ月＝2万4000円、飲み代2万円×12カ月＝24万円を削ることができれば、そのぶんを旅行に使うことができる。

お金の使い道を知らないまま生活をしていると、自分が本当にほしいモノや大事にしたいコトにお金を使うことができません。ちょっと大袈裟《おおげさ》にいえば、**自分の人生を大切にできていない**といえるでしょう。

SAVING MONEY

ズボラでも継続率100%の神アイテム「家計簿アプリ」

「仕事や家事で疲れているのに、家計簿をつける気力なんてない」
「家計簿をつけられるようなマメな人だったら、とっくに貯金に成功してるよ」
そう思う人も多いでしょう。しかし、そんな悩みを解決してくれる強い味方が存在します。

最近では、決済手段がどんどんキャッシュレスに移行しているため、「結局、いくら使ったかわからない」ということも多いのではないでしょうか。

利用履歴として明細を見ることはできますが、いちいちチェックしないという人がほとんどではないかと思います。その結果、「今月のカード代は3万円くらいかな?」

と思いきや、「5万円や10万円の請求がきて、びっくり!」なんてこともあるはずです。浪費時代のわたしは、まさにそのタイプでした。

家計簿に苦手意識を抱いてしまうのは、

- 項目ごとに支出を分類するのがめんどくさい
- 残高を計算するのがめんどくさい
- いちいちレシートをもらって取っておくのがめんどくさい
- 毎日あるいは毎週、時間を取ってやらなければいけないのがめんどくさい

そのような、めんどくささがあるからだと思います。

わたしは根がかなりのズボラ人間なので、最初にノート型の家計簿に取り組んだときはすぐに投げ出してしまい、たったの1週間も続けられませんでした。

でも、**これらすべての「めんどくさい」を解消してくれるのが、家計簿アプリ**です。

家計簿アプリにはたくさんの種類が存在しますが、わたしは、「マネーフォワードＭＥ」というアプリを使用しています。アプリにクレジットカードや銀行口座の情報を登録しておけば、決済履歴や口座引き落としのデータをアプリが自動的に吸い上げ、記録しておいてくれます。

現金払いやアプリと連携していない一部のバーコード決済については自動で記録されませんが、レシートを撮影すれば、日時・店舗名・購入商品・金額などの文字情報を読み取って記録してくれる優れものです。「食費」「光熱費」などの勘定項目も自動で分類してくれるので、それらを手書きで記録する手間に比べれば、はるかに簡単で継続性が高いのです。

勘定項目ごとの月間の支出状況をグラフにしてくれるので、**なににどれだけ使ったのかが視覚的にわかりやすい**のもいいところ。「今月の食費は３万円」などと予算設定をしておけば、予算に対する現時点での支出割合も教えてくれます。支出をコントロールしていくにあたり、かなり使い勝手のいい機能でしょう。

また、銀行口座への給与振り込みや、貯金額の状況もアプリでチェックできるので、**節約の効果を常に確認することができ、モチベーションのアップ**にもつながります。

節約をはじめた頃は貯金額が増えていくのが嬉しくて、1日に何度もアプリで貯金額を見ていました。ほしいものができて買おうか迷ったときに、貯金額を見て「もっと貯めたいからやっぱり節約しよう！」と気持ちを切り替えられたこともあります。

支出だけでなく、節約の効果を「見える化」してモチベーションを高めるのは、節約を継続するうえでとても大切なことなので、家計簿アプリはぜひ活用してほしいと思います。

「マネーフォワード」以外にもたくさんの家計簿アプリがあるので、自分の使っている金融機関や決済サービスと連携できるか、レシート読み取り機能があるか、グラフ機能や予算設定などの付加サービスはあるか、そのほか、無料版でのサービス制限に注意したうえで、自分に合ったアプリを選ぶといいでしょう。

SAVING MONEY

「貯金メンタル」への近道！先人の知恵のフル活用

節約や貯金をしたくても、感情やストレスによって流されて浪費してしまう"弱さ"を克服するためには、ロールモデルを知ることが効果的です。

自己流で取り組むよりも、すでに節約や貯金に成功した先人たちから、**成功者のノウハウやマインドを学ぶほうが目標達成の近道になる**でしょう。

また、投資をはじめとする幅広い金融知識を学ぶことで、節約と貯金のその先にある資産形成について具体的に考えることができます。わたしの場合、「ＦＩＲＥ」という目的意識を得たことが、節約に対するモチベーションにつながりました。

それまで漠然としていた**「自分のやるべきこと」や「目指したい目標」の**

輪郭がはっきりとすることで、節約へのスイッチが入るのです。

ここでは、わたしが「貯金メンタル」に変わる道筋をつくってくれた数々の本やYouTubeチャンネルのなかから、みなさんにおすすめしたいものを紹介していきます。

●書籍

『世界一シンプルで科学的に証明された究極の食事』
津川友介《つがわゆうすけ》著　東洋経済新報社

ハーバード大学を経てカリフォルニア大学ロサンゼルス校（UCLA）で准教授を務める医師が書いた、「体にいい食品」に関する本です。世間で「体にいい」といわれている食事や栄養についての真実や、エビデンスに基づいた健康にいい食事の紹介をしています。

節約習慣をはじめるにあたって、わたしが心配したのは「健康を害するのではないか」ということでした。行き過ぎた節約で必要な栄養や食事まで削って体調を悪化させてしまうと、収入の基盤である本業に支障が出てしまいますし、医療費が増加してしまったら本末転倒だからです。

節約において、外食費を抑えて自炊することは定番中の定番です。自分でつくることで摂取する食材の選択の余地は広がるものの、逆に効率や食材の値段にばかり気を取られ過ぎて食材やメニューが偏ってしまう可能性も十分に考えられます。

よって、**食事の方針を定めておくことが必要**でした。

この本での学びは、現在も節約生活にとても役立っています。例えば、肉を選ぶ場合、鶏肉は一番安くてヘルシーな印象がありますよね。その知識しかなければ、毎日鶏胸肉ばかり食べていたかもしれません。

でも、鶏肉よりも、豚肉に豊富な栄養素があることを知れば、食材の選択は変わります。また、健康を考えて、多少割高でも白米より栄養が豊富な玄米を選ぶようにもなりました。節約生活をするうえで、「どこにお金をかけるか」を考えるヒントをたくさん得ることができたのです。

食事のバランスが悪いと、それが心身のストレスや不調につながり、節約生活の妨《さまた》げにもなります。みなさんも節約にあたって、食事管理について学ぶことは損にならないと思います。

●書籍

『貯金すらまともにできていませんがこの先ずっとお金に困らない方法を教えてください！』

大河内薫《おおこうちかおる》／若林杏樹《わかばやしあんじゅ》著　サンクチュアリ出版

税理士の大河内薫先生とマンガ家の若林杏樹先生による、初心者向けのマネーリテラシーの本です。節約についても触れているのですが、どちらかというと「貯金だけでは損をする」という視点で、**投資などの「お金の増やし方」に重点**を置いています。マンガで語られるページが多く、面白くてとてもわかりやすいのが特徴です。

お金に対する危機感や投資への興味はあるけれど、とにかく知識がなくて、なにからはじめればいいかわからないという人には、導入としてとてもいいでしょう。

この本を足がかりに**お金に対する関心を高められますし、基礎知識をつけることで、さらに深掘りしたマネーリテラシーのメディアを理解しやすくなる**と思います。

ある程度のマネーリテラシーを持っている人にも、復習に役立つはずです。

●ＹｏｕＴｕｂｅチャンネル

『両学長リベラルアーツ大学』

両学長《りょうがくちょう》

マネーリテラシーという点で、最強のメディアではないでしょうか。「大学」を冠するだけあり、とにかく**「お金のことを知るうえで必要な知識を幅広く網羅している」ことが特徴**です。

「貯める」「稼ぐ」「増やす」「守る」「使う」の5つのカテゴリで、節約や投資、副業や働き方、税金対策や詐欺被害の防止など幅広いテーマの動画を、すでに１８５６本も配信しています（２０２３年11月20日現在）。わたしが「ＦＩＲＥ」を知ったのも、リベラルアーツ大学がきっかけです。

「マネーリテラシーを身につけたいけれど、本を読むのは苦手」。そんな人は、こちらの動画を習慣的に観ることをおすすめします。

●YouTubeチャンネル
『倹者の流儀』

くらま

「節約YouTube界」の大先輩であり、トップランナーの「くらま」さんのチャンネルです。具体的な節約ノウハウからマインド、簡単な節約法からストイックな節約法まで、節約に関する情報を多数、配信されています。

節約には具体的なノウハウも大事なのですが、人それぞれ異なる生活環境や支出状況があるため、学んだ知識をもとに自分で考えていく面が大きいと思います。

くらまさんは「節約の権化《ごんげ》」のような人なので、いい意味でその節約マインドに影響を受けて、みなさんの節約スイッチが入るのは間違いありません。

●YouTubeチャンネル

『中田敦彦のYouTube大学――NAKATA UNIVERSITY』

中田敦彦《なかたあつひこ》

ヒットした書籍や時事ニュースの文化的背景、注目されている思想、スキルなどを要約し、笑いも織り交ぜて伝えてくれるので、いま世の中で知っておくべき知識を幅広く知ることができます。

資産形成には、労働による収入・節約・投資が必要ですが、労働収入を高めるためには、世の中全体の動きを知ることが大切だと思います。

また、マネーリテラシーに関する書籍の要約も配信されているので、ここで概要をつかんで興味があれば読んでみる、という発見の場にもなります。

個人的な意見ですが、書籍でもYouTubeでも、限定した本やチャンネルだけを参考にするのではなく、「なるべく多くのコンテンツから知識を得たほうがいい」

と思います。

特に、YouTubeにはちょっと偏った考え方や、誤った情報などもあるようです。**誰かひとりが発信する情報を鵜呑みにするのではなく、様々な人から複数の意見を学び、自分のなかで取捨選択をしつつバランスを取っていくといい**でしょう。

また、マネーリテラシーのなかでも、特に「投資」については、聞こえのいい情報には注意が必要です。**「こうすれば絶対儲かる！」という話は、基本的にあり得ません。**

有益な情報を無料で発信してくれるのがYouTubeのメリットですが、発信者は、チャンネル登録者数を増やし視聴者数を稼ぐことが目的です。ですから、都合のいい怪しい情報を流している人がいることだけは忘れないようにしましょう。

SAVING MONEY

節約初心者は「固定費削減」からはじめよ

わたしが「節約オタク」になり、資産1000万円を実現できた理由は、とてもシンプルです。

次の3つによって、節約体質を身につけたからです。

〈節約体質をつくるステップ〉

①ストレスを緩和し、学ぶ時間をつくる

②学んだ節約のテクニックを素直に実践する

③節約が習慣化され、効果が出るのが嬉しくてどんどん楽しくなる

実践していくなかで、「この3ステップは筋トレと同じだ」と気がつきました。

〈筋肉体質をつくるステップ〉
①筋トレする心の余裕と時間をつくる
②教えられた正しい手順、正しい方法でトレーニングをする
③筋トレが習慣化され、体の変化が嬉しくてどんどん楽しくなる

節約も筋トレも「習慣化」——つまりハマっていき、楽しくなり、それが日常のあたりまえになっていくことが重要です。この過程は、それまでの生活習慣をあらためたり、やってきたことを我慢したりするので、最初のうちはつらい気持ちになるかもしれません。

筋トレでいえば、スタートの段階は、あらゆるトレーニングがきつく感じるでしょうし、そのあとは、しばらく筋肉痛に悩まされることもあるでしょう。

でも、**「あれ？ 体がちょっと引き締まってきた？」とか、「ん？ 前はつらかった駅の階段を簡単に上れたぞ？」という、「変化の実感」をわかりやすく得ることが継続のカギ**です。

効果を実感できたことが喜びや自信につながり、「もっとやってみようかな」というモチベーションが生まれるのです。

では、**節約において最初に得るべき「変化の実感」**とはなにか？
それは、**「固定費の削減」**です。

固定費節約のメリットは、以下の3つです。

- **簡単で誰でもすぐにできる**
- **継続的な「我慢」が必要ない**
- **大きな節約効果が長期間にわたって表れる**

固定費の多くは「年間契約」のような、長期固定の契約です。だから、**ひとたび決意して削ってしまえば、以降も削減した状態が自動的に継続**されます。服や食品の買い物のように、その都度「買うか買わないか」を悩んだり我慢したりすることなく、たったいちどの「決断」で済みます。だから、とにかく楽なのです。

節約をはじめるとき、勢いにまかせて「アレもコレも」と手当たり次第にやろうとする人もいますが、それでは一気に「なにもかもを我慢する」という状態になり、すぐに嫌になってしまうでしょう。

運動不足の人がいきなりフルマラソンを走るようなもので、すぐに心が折れてしまうことは目に見えています。

ストレスフリーに、簡単にできることからはじめ、確かな効果を実感しながらメンタルを育てていきましょう。

そう、スモールステップのスタートでいいのです。

SAVING MONEY

ストレスフリーで効果バツグン！ 固定費削減7つのテクニック

「固定費」とは、毎月必ず支払っている一定額の支出のことで、家賃や水道光熱費、携帯電話の通信費などがおもな支出です。一方の「変動費」は、月ごとに金額や支出内容が変わるものを指し、食費や日用品などがおもな支出となります。

家計簿では、支出を固定費と変動費に分けて記録するのが一般的です。それぞれのおもな勘定項目は次ページの表のとおりです。

水道光熱費には、毎月固定の基本料金と、使用量に応じて変動する料金（従量課金分）があります。表のように固定費と変動費に分けてもいいですし、すべて固定費にしても構いません。

固定費
住宅費（家賃・住宅ローンなど）
通信費（携帯電話代、インターネット代）
水道光熱費（基本料金）
保険料
サブスクリプション（Amazon Primeなど）
車両関係費（ローン・駐車場代）
交通費（通勤用）
習い事費（ジム・英会話など）

変動費
食費（食材・外食）
日用品費（生活用品・事務用品など）
娯楽費（ゲーム、映画、レジャーなど）
水道光熱費（従量課金分）
交際費（会食、飲み会など）
医療費
交通費（通勤以外）
被服費（洋服・アクセサリーなど）
美容費（美容院・コスメなど）
雑費（上記に当てはまらないもの）

生活費は勘定項目を
「固定費」と「変動費」に
分けて考えよう！

また、変動費として計上されているものであっても、例えば美容院で、会費制でカット し放題のプランを契約しているのなら、それは固定費のサブスクリプション（以下サブスク）に計上できます。

ここでは、固定費のなかで実際にわたしが実践した7つの節約テクニックを紹介します。

①最大の固定費！ 家賃を下げる【節約実績↓年間20万円】

最強の固定費節約は、家賃の削減です。削ることができる固定費のなかで、もっとも金額の大きな削減となり得るからです。

すでに持ち家があって住宅ローンを支払っている場合は、「借り換え」しか手段がないかもしれませんが、ここではわたしがやってきた賃貸の「家賃」としての住宅費に絞ってお話をします。

わたしの場合、**引っ越しをしたことで年間約20万円の家賃の削減**ができました。

賃貸住宅を選ぶ場合に、なにを重視して決めるのかは人それぞれです。
社会人になった頃のわたしは、「築年数が古い物件はボロそうで嫌だな」「都心にも出やすいところがいいよね」という考えで、左記の物件を選びました。

〈ひとり暮らし時代の物件〉
- **職場まで20分以内で飲食店なども豊富で便利なところ**
- **できるだけ都心へのアクセスがいいところ**
- **築浅（5年以内）**
- **オートロックつき**
- **1K8畳以上**

これで、家賃は6万円です。やや高めでした。

でもよく考えたら、それまで住んできた実家は築25年超で、オートロックなどありません。頻繁に友だちが遊びにくるわけでもなく、近くの繁華街に行きつけの店やコミュニティがあるわけでもない。もともと出不精なインドア派なので、都心に出かけることも年に数回あるかないかでした。

それなら、**「思い切って実家レベルに条件を下げてみよう」**と決意したのです。

〈条件を見直した転居先〉

- **職場まで車を使って約20分、近くに繁華街などはなし**
- **築27年**
- **2DK**
- **オートロックなし**

これで、家賃は4万3000円です。家は広くなりましたが、つきあっているパートナーとの同居を前提としたので、個人のスペースは以前と変わりありません。

以前の住まいに比べて築年数は古くなり、都心へのアクセスなども悪くなりましたが、いざ住んでみたら、それらの条件はまったく気になりませんでした。
結局わたしは、住むところについても、自分軸ではなく、なんとなくの世間体や見栄で選んでいたのだなということがよくわかりました。

住まいに対して譲れないポイントは人それぞれ異なると思いますが、みなさんがいま住んでいる家に対して、「別にこだわらなくてもよかったな」と思える点があるのであれば、節約をきっかけとして、条件を見直してみてはいかがでしょうか。

また、住む場所はそのままで**「家賃交渉をする」**という手もあります。

〈家賃交渉の進め方〉
- **物件サイトや家賃比較サイトで自分の部屋の相場を調べる**
- **相場より高かったら、管理会社に「相場まで家賃を下げてほしい」と交渉する**

その際には、「交渉に応じてくれるなら、今後も長く住むことを考えている」と伝えるのが効果的です。大家さんにとって、空き部屋が生じることが一番のリスクだからです。

わたしは転居に際し、新たな物件の管理会社にこんな交渉をしました。

- 周辺の相場より2000円高い
- 水回りが古い
- 長く住むことを考えている

交渉にかかった時間は、メールで管理会社とやりとりをする1時間程度。それだけで水回りは管理会社負担でリフォームされ、家賃は月1000円下がりました。転居早々、年間で1万2000円の追加の節約ができたのです。

ただし、無理なゴリ押しは、管理会社や大家さんとの関係を悪化させてしまうことにつながりかねないので、交渉の際には妥当性のある意見を伝えることが大切です。

なお、この節約にあたっては、日向咲嗣《ひゅうがさくじ》さんの著書『家賃は今すぐ下げられる！――家賃崩壊時代にトクする知恵』（フォレスト出版）という本を事前に読んで学びました。「家賃を月２万円安くする」ことを目指すための知識やノウハウが綴《つづ》られています。興味があれば、ぜひ読んでみてください。

②家賃の次に着手したい「スマホのキャリア変更」【節約実績↓年間３万円】

「令和3年版 情報通信白書」（総務省）によると、２０２０年時点での携帯電話の通信料は平均で年間10万４１９２円、月額にすると約８６００円になるそうです。

わたしも5年前までは大手キャリアと契約しており、毎月７０００円くらいがスマホ代に消えていました。大手キャリアだと、なんとなく安心感があるし、格安キャリアがあることはわかっていても、「替えるのも面倒だし、いまのままでいいや」と思っていたのです。

でも、「ＦＩＲＥを目指して節約と貯金をする」という目標を持ったことが、変更を考えるきっかけとなりました。いま**大手キャリアのスマホを使っているみなさんも、格安キャリアに替えない理由は「なんとなく面倒だから」という人が案外多い**のではないでしょうか。

大手キャリアから格安キャリアへの変更は、固定費のなかでも家賃に次ぐ節約効果があります。シンプルなプランなら、基本料が１０００円台からありますが、実用性のあるプランでも月額３０００円程度に収めることが可能です。

格安キャリアでは、データ通信量に応じた価格を打ち出していますが、通話を重視する人は通話料金やサービスの違いに注意が必要です。おおむね30秒あたり22円を通話料金としたうえで、通話し放題のオプションを設定しています。

ですが、２０２３年11月時点では、実はａｈａｍｏでは1回あたりの国内通話を5分無料としていたり、楽天モバイルでは国内通話料が無料になる通話アプリを用意していたりします。

さらに、あまりスマホを使わないという人であれば、例えば日本通信ＳＩＭが月額基本料290円のプランを打ち出しており、大幅なカットが可能です。

こうしたサービスを吟味した結果、わたしの場合は格安キャリア（現在は楽天モバイルを利用しています）への乗り換えにより、年間3万円ほど節約ができるようになりました。

スマホの使い方や、なにを重視したいかは人それぞれだと思いますので、自分の使用状況などを踏まえて検討するのがいいでしょう。

③キャンペーン利用でかなりお得に！　プロバイダ契約の見直し
【節約実績↓年間5万8000円】

5年前までは、インターネットのプロバイダ契約料で毎月4980円＋更新料年1万円、合計で年間約7万円かかっていました。

もっと下げたいという気持ちはありつつも、「切り替えるとなると工事も必要だし面倒……」ということで、長年ほったらかしにしていたのです。

しかし、節約生活に本格的に取り組むにあたり、重い腰を上げてプロバイダ契約の見直しにも着手しました。

節約金額については、ひとつ注釈があります。見出しにある、「年間5万8000円」は、厳密にはプロバイダとの契約料による削減ではありません。

わたしの場合は、パソコンのネットゲームがかかせない趣味なので、それなりに通信速度へのこだわりがあります。通信速度と安定性を重視したため、プロバイダを換えても、月々の契約料自体はあまり下げることができなかったのです。

では、どこで5万8000円の節約をしたかというと、「乗り換えキャンペーン」です。わたしの乗り換えたプロバイダでは、初年度月額980円のサービスを行っていたので、1年間だけではありますが、年間で5万8000円も節約できたというロジックです。

実際、**多くのプロバイダが乗り換え促進キャンペーンとして、キャッシュバックや割引キャンペーンを実施**しています。いま契約しているプロバイダを数年使っていて、乗り換えても違約金などが発生しないのであれば、キャンペーンにうまく乗って節約するチャンスと捉えましょう。

このほか、プロバイダ単体で契約しているのなら、他のサービスと併せて契約することもコストを下げる手段です。例えば、携帯電話の大手キャリアや、大手が運営する格安キャリアなら、プロバイダサービスも併せて展開していることが多いので、セットで契約すればインターネットかスマホ代のどちらかがお得になるでしょう。

④電力会社変更で値上げに負けずに支出カット【節約実績↓年間1万7347円】

電気料金は2016年4月から「電力小売り自由化」がスタートし、東京電力などの大手電力会社から、他の企業（新電力会社）が電力を仕入れて販売することが可能となりました。

大手電力会社の電気料金には、発電・送電設備などの設備投資費用が上乗せされていますが、新電力会社は電力を仕入れて販売するため、そういった費用が不要となります。そのため、大手よりも安く電気料金を提供できる仕組みになっています。

2017年4月からは、ガスも同様に自由化されていますが、ここではわたしが実践してきた電力会社の変更について絞ってお話をします。

電力小売会社により、それぞれアンペアごとの料金設定が異なるため、自分が必要なアンペアのなかで、よりお得な新電力会社を選ぶといいのではないかと思います。

わたしの場合は、2021年に東京電力から**新電力会社に切り替えた結果、年間で1万7347円も電気料金を節約**できました。

ただし、2023年現在では、エネルギー価格の高騰によって大手電力会社の発電コストが上がっており、**新電力会社だからといって必ずしも「安い」とはいえない状況**になっています。

そのため、新電力会社のなかには事業を停止したり、新規申し込みの受け付けをストップしたりしている事業者もあるようです。再び電力価格が落ち着くまでは、「新電力会社＝安くなる」という固定観念をなくし、最新情報をチェックしながら、慎重に検討する必要があると思います。

なお、プロバイダ契約と同様に、**他のサービスとセットでお得になる新電力会社**もあります。例えば、ソフトバンクの「ソフトバンクでんき」のように、契約することでスマートフォンやインターネットの契約料金に割引が適用されるサービスもあります。どうすれば自宅の水道光熱費が節約できるのか、しっかりとシミュレーションを行いましょう。

⑤水道代節約に大活躍する2大アイテムを取り入れる【節約実績↓年間約1万円】

ちょっとした工夫で水道代を節約することもできます。

まず**絶対におすすめしたいのが「節水シャワーヘッド」**です。製品によっては水の使用量を30%〜50%も削減してくれるものもあり、わたしの場合は年間で約3000円の水道料金を節約できました。

同居している家族がいる場合には、その人数分も同様に節約できるわけですから、想像以上にインパクトが大きい節約法だといえるでしょう。

また、これは実際に使ってみるまで半信半疑だったのですが、**食洗機を使うことでも水道代を節約**できます。

食洗機を使うと、水の量は抑えられる一方で電気代が発生しますが、資源エネルギー庁が公表している「省エネ性能カタログ2015年夏版」によると、以下のような説明になっています。

〈食器洗いのコスト比較〉

- **手洗いの場合ガス代と水道代で年間約2万4780円**

※40度のお湯で1回につき65リットルを使用し1日2回洗う

- **食洗機の場合電気代と水道代で年間約1万6640円**

※給水接続タイプで標準モードを使用し、1日2回洗う

なんと、**食洗機を使うほうが、年間で8140円も節約できる**というので

す。ただし、食洗機そのものが安い買い物ではないので、そこは吟味が必要です。わたしはとにかくズボラで、食器洗いが面倒で仕方なかったので、購入したことにより家事の負担が格段にラクになりましたし、先ほどの節水シャワーヘッドとあわせて、年間約1万円の水道代を削減できました。みなさんも、自分自身の生活のなかでの優先順位を考えたうえで、購入を検討してみるのもありではないかと思います。

⑥サブスクの「使っていない」「忘れていた」をなくす

サブスクの怖いところは、「契約したまま忘れてしまうこと」だと思います。

よくよく調べてみると、もうほとんど使っていないサブスクに、ずるずるとお金を支払っていたり、「初月無料」につられてお試しで契約したあとに、解約するのを忘れていたり、ということがあるのではないでしょうか。

月々は300円や500円という低額だとしても、年額にすると3600円、6000円とまとまった金額になります。

節約に取り組む際には、必ず見直しましょう。

〈サブスクの見直しを検討すべき例〉

- 仕事で使うパソコンソフトをサブスクで契約したが、いまは使っていない
- 雑誌の読み放題サービスを契約したが、ほとんど読んでいない
- 動画や音楽のストリーミング配信サービスを複数契約している
- 携帯電話やスマートフォンを契約したときにオプションでつけたが使っていないサービスがある
- 英会話などの学習系アプリの学び放題プランを契約したが、回数制限のあるプランで十分
- 食材の定期配送サービスを受けているが、そんなに活用できていない
- 新聞を購読しているが、忙しくて一部のページしか読めていない
- ケーブルテレビや衛星放送チャンネルを契約したが観る機会が少ない　など

サブスクはインターネットサービスに限らず、いまや日常の様々なサービスで導入

されています。月単位の費用では割安に感じられるため、衝動買いのように契約してしまうこともあるので、すでに契約しているサブスクの見直しに加え、新規契約にも慎重になることが大切です。

⑦費用をグッと抑えられる可能性あり！　保険の見直し
【節約実績→年間約1万円】

以前、勤務先の会社が提携する自動車保険に加入していました。「会社経由なら団体割引が適用されるので安いはず」と漠然と考えていたのですが、**保険の一括見積もりサイトにかけてみたら、同じような条件で年間約1万円下げられる保険会社が見つかった**のです。

自動車保険は新車を購入した際に、ディーラーからすすめられるままに加入している人も多いはずです。あるいは、車体価格を下げる条件が、ディーラーでの保険加入だったという人もいるのではないでしょうか。

そういった場合、信用度は高いものの、比較的料金が高めの損害保険会社と契約することが多いと思います。でも、**少しの手間をかけて、自分でネット完結型の自動車保険を契約すれば、営業費用や保険代理店の維持費がかからないぶん、割安な価格に抑えることができます。**

これは、**生命保険についても同様**です。保険会社はずっと同じ保険商品を販売しているわけではなく、市場のニーズに合わせて条件設定を変え、新しい保険商品を次々に販売しています。

いま契約している保険より、割安で必要な保障を提供してくれる可能性は十分にありますので、必要に応じて保険の見直し・相談サービスの利用や、ファイナンシャルプランナーに相談してみるのもいいと思います。

「無料相談」を売りにしているファイナンシャルプランナーもいますが、そういったケースでは、顧客に特定の保険商品をすすめて、インセンティブで儲けを出していることも多いものです。

「タダにはワケがある」と思っておくほうが安全でしょう。

もちろん、無料のファイナンシャルプランナーから紹介された保険商品がすべて悪だというわけではありません。しかし、なかにはあまり意味のない保険商品の勧誘をする人もいますので、そこには注意が必要です。

これはあくまでも個人的な意見ですが、フラットな意見を聞きたいのであれば、信頼できる有料のファイナンシャルプランナーに相談するほうが堅実だと思います。

第 4 章

お金を「使わない仕組み」をつくる【変動費削減編】

SAVING MONEY

使わない「自分ルール」が自然に身につく9つのテクニック

第4章では「変動費」の節約テクニックをお伝えしていきます。143ページにも掲載しましたが、あらためて「変動費とはなにか?」を左ページにまとめました。固定費との違いもわかりやすいように、「固定費」のまとめも念のために入れています。

ここでは、説明用にあえて勘定科目を細かめに分類しているので、自分が管理しやすいように、もう少しざっくりまとめてしまっても構いません。固定費は原則的に一定なので、月ごとに支出を仕分けて計算する必要はありませんが、変動費は科目が多いほど「この支出は○○費で……」と考えて分類するのが面倒になります。

ですので、支出状況により、例えば娯楽費を交際費と一緒にしたり、被服費を美容

固定費

住宅費（家賃・住宅ローンなど）
通信費（携帯電話代、インターネット代）
水道光熱費（基本料金）
保険料
サブスクリプション（Amazon Primeなど）
車両関係費（ローン・駐車場代）
交通費（通勤用）
習い事費（ジム・英会話など）

変動費

食費（食材・外食）
日用品費（生活用品・事務用品など）
娯楽費（ゲーム、映画、レジャーなど）
水道光熱費（従量課金分）
交際費（会食、飲み会など）
医療費
交通費（通勤以外）
被服費（洋服・アクセサリーなど）
美容費（美容院・コスメなど）
雑費（上記に当てはまらないもの）

変動費の勘定項目は
細かく分類し過ぎないことが
家計簿をラクにするポイント！

費とまとめたりするなど、自分なりのルールを決めていきましょう。

逆に、現状における毎月の浪費額が大きくて節約の重要度が高いなら、より細かく個別の科目を立てたほうがいいと思います。

例えば、外食が浪費のおもな原因になっているなら、食費を外食費とそれ以外で分けたほうが、支出の状況が把握しやすくなることは間違いありません。

①「ついで買い」「乗せられ買い」の罠にハマらない買い物のコツ

「まったく買う気がなかったものを、つい衝動的に買ってしまった」

そんな**浪費が頻発する場所は、たまに行くデパートやファッションビルよりも、むしろ日頃通っている食品スーパー**です。

自炊をしようと食材を買いに行ったのに、入口に並べてあるお惣菜や菓子パンがおいしそうで、割高でも思わず購入。あるいは、試食販売のお姉さんのトークスキルに乗せられて、買う予定のなかったウインナーを3パック買ってしまうといったことは、誰にでも経験があるのではないでしょうか。

もともと意志が強くて、どんな誘いにも揺るがないタイプの人であれば問題ありませんが、わたしはすぐにホイホイ乗せられてしまう、いわゆる〝チョロい客〟でした。

こういう買い物は、自分の意志で買っているのではなく、店舗の販促マーケティングに踊らされているということ。お店側は、「この位置で、この価格で、こんなふうにアピールをすれば必ず客は買いたくなるはず」と狙って販売しているわけですから、わたしはまんまとその戦略にハマっているのです。

そんなマーケティングやPRのプロたちの戦略に抗うために、わたしが実行したのは、**「買い物は週1（土曜日）にする」こと。そして、「見たら負けの精神」を持つこと**でした。

まず、買い物に行くのは週に1回、土曜日のみと決めました。わたしの場合は、近くのスーパーが車で行く距離にあるということもあり、車で出かけて1週間分の食材をまとめて買い込みます。平日の仕事帰りは心身ともに疲れていて、お腹も空いていています。仕事で嫌なことがあれば、ストレスも溜まっているでしょう。

そんなコンディションが悪い状態でスーパーに行けば、ついついお菓子やスイーツ、楽チンなお惣菜を買ってしまって当然です。

だから、金曜の夜にグッスリ睡眠をとって、心身のコンディションがいい、休みの日の土曜日に買い物に行くという作戦にしました。

そして実際の買い物では、事前に**「買い物メモ」を作成し、メモに書いた商品だけをカゴに入れていきます。**買い物メモの内容がすべて揃ったら、**お惣菜売場やお菓子コーナーなど、誘惑の多い場所を通らないコースでレジに直行。**

ＹｏｕＴｕｂｅや本書では、さんざん節約マインドを語っていますが、わたしはもともと意志薄弱なタイプ。目にしたら買ってしまうので、「とにかく見ない」ことにしたのです。

「優先順位」や「自分軸」の話をしてきましたが、ここでも大切なのは、スーパーに行く、食材を買うという行為を自分のなかでどう位置づけるかです。

わたしのやり方は節約を最優先に考えたものですが、「買い物を楽しむこと」や、「少し割高になっても、調理時間を短縮して別のことに時間を使いたい」という部分の優先順位が高いのであれば、売り場をくまなく見て回ったり、時短アイテムを活用したりするのもいいでしょう。

ここでも、**自分のなかでの「優先順位」の考え方が、大切になってくる**のです。

②「なんとなくコンビニ」から卒業する

次にご紹介する節約法は、「コンビニに行かない」ことです。

もともとあまりコンビニには行かないという人や、必要なものしか買わないという人には関係ないと思いますが、わたしはコンビニが大好きで、ほぼ毎日、出勤前や帰り道に特に用もないのに立ち寄り、お菓子や飲み物を買っているタイプでした。

アプリで家計簿をつけてみたところ、多い日はなんと1日に3回もコンビニに立ち寄っていました。1回あたりは400円、500円という出費ですが、積み重なると毎月数千円、多い月は1万円近い金額になっていたのです。

月4000円でも、1年間に直すと4万8000円。これはかなりの出費です。

自分のなかで、「コンビニに通って買い物をすることは優先順位が高い」と位置づけている人はいいのですが、ほとんどの人はなんとなく習慣で通っていて、そこでなにを買ったのかすら覚えていないことも多いのではないでしょうか。

そんな「なんとなく」の行動に、あなたの大切なお金を使ってしまうのは、とてももったいない。それこそ年に4万8000円もあれば、近場に旅行に行ったり、おいしいものを食べに行ったりすることもできますよね。

わたしと同じように、

- **用もないのにコンビニに行く**
- **「ついで買い」をよくする**
- **新製品や限定品という言葉に弱い**

そんなタイプの人は、コンビニでの浪費割合がかなり高いことが予想されます。

まずは、**騙されたと思って1週間でも2週間でも、「コンビニに絶対に行かない」ルールを試して**みてください。

いちどそう決めてしまえば、最初のうちこそ気分が落ち着かないかもしれませんが、徐々に慣れていきます。きっと、「コンビニに行かなくても困ることはないな」「行くと余計なものを買ってしまうだけだったんだ」と実感できるはずです。

みなさんもご存じのように、コンビニの商品はスーパーなどと比べて高めの価格になっています。同じお菓子や飲み物を買うのでも、スーパーでまとめ買いをすればずっと安い金額で入手できるのです。

多くの人が、「自分がどれだけコンビニに行っているか、毎月いくら使っているか」を認識できないくらい、生活の一部になっているかもしれません。しかし、そこに節約や貯金のヒントがあるのです。

③自炊で実現！　食費1万円生活

83ページに一覧表を掲載していますが、浪費メンタル時代のわたしの1カ月の食費は4万円でした。その頃を思い返すと、自炊はほぼゼロ、昼ごはんはコンビニか外食、夜も週に1回〜2回は外食で、それ以外の日もお弁当やお惣菜を買って済ませていました。

「毎日仕事で疲れているし、自炊する気力なんてない。時間をお金で買おう」という気持ちだったのです。しかし、自炊をしないぶん、ほかのことに有意義に時間を使えていたかというと、まったくそんなことはありませんでした。

帰宅後はお弁当やお惣菜で食事を済ませ、そのあとは特に目的もなく、ダラダラとスマホを見ていたら、あっという間に寝る時間……。そんな過ごし方をしていたのです。時間もお金も、すごくもったいない使い方をしていたと反省するばかりです。

食にこだわりがあって、「自炊で節約するよりも、おいしいものを食べるためにお金を使いたい」と思っている人なら、自炊にこだわらなくてもいいでしょう。

でもわたしは、単にめんどくさいという理由でそんな食生活をしていたので、選ぶものも適当で、毎日の食事に対する満足度も高くありませんでした。

貯金メンタルに切り替えてからは、外食は月に1回程度に抑え、食事はほとんど自炊をするようになったことで、**月の食費を1万円に抑える**ことができました。

最近は、「ウーバーイーツ」などの配達サービスを使って調理の時間を省くなど、「時間対効果（いわゆるタイムパフォーマンス＝タイパ）」が大事にされている傾向もあるようです。確かに、共働きの家庭や、仕事が猛烈に忙しい人は、それらをうまく活用することで効率化を図れるでしょう。

時間がなければ心に余裕は生まれませんし、仮にお金のことを真剣に考えていても、マネーリテラシーを高めるための勉強もままなりません。ですので、**本当に時間がないという人に限っては、自炊のような時間がかかる節約は不向きかもしれません。**

ただし、自炊といっても、じっくり時間をかけて凝ったものをつくる必要はないと思います。わたしの場合でいえば、食材の半分くらいは缶詰やパウチ、冷凍食品を活用することで、手間ひまをかけず、なおかつ安い金額で自炊生活ができています。

おおまかな記録ですが、次ページにわたし（20代女性ひとり分）の「1カ月・1万円」の食費内訳を紹介します。

「これは、自炊なのか……？」と思われた人もいるかもしれません。それでもわたしは、胸を張って「自炊である」といいたいです。

野菜は冷凍のものやカットしたものを活用することで、品質劣化を気にせずに必要量だけ食べられるので、結果的にコストを下げることができますし、お肉にしても、行きつけのスーパーでは鶏胸肉を1kg単位で買うと100gあたり40円まで下がるので、それを活用しています（ずっと鶏胸肉だけだとさすがに飽きがくるので、鶏もも肉や豚肉、牛肉なども安いタイミングを狙って買っています）。

また、**食材を買う際には、たんぱく質や野菜（ビタミン・食物繊維）、炭水化物という栄養素のカテゴリ分けを意識する**ようにしています。131ページで紹介した『世界一シンプルで科学的に証明された究極の食事』（東洋経済新報社）

ある月の1カ月の食費

食材	備考	価格
魚の缶詰	150円×20日分	¥3,000
鶏胸肉	40円／100g×10日分	¥400
豆や納豆、豆腐	100円×5個	¥500
たんぱく質食材　合計		**¥3,900**
冷凍野菜	各種	¥3,000
カット野菜、もやし		¥1,000
野菜（ビタミン・食物繊維）　合計		**¥4,000**
米	5kg	¥1,800
炭水化物　合計		**¥1,800**
その他	調味料や豆乳など	¥300
食費の総合計		**¥10,000**

生鮮食品はすぐ劣化してしまうので、
缶詰やパウチ、
冷凍食品を買えば、
ロスをなくすことができます。

を参考に、できるだけ栄養のバランスがよく、健康にいい食生活を心がけています。

さらに会社員時代は、1万円で買った1カ月分の食材で、平日のお弁当もつくっていました。ただし、お弁当のために毎朝早起きなんて面倒なことはしたくありません。

おすすめは、**休日に1週間分のお弁当を一気につくって冷凍しておくこと**です。

これなら、冷凍野菜もそのまま入れるだけで済みますし、職場にある電子レンジでチンするだけで、準備完了です。

「そんな質素な食事で満足なの？」と思った人もいるかもしれませんが、これも**自分軸と優先度の問題**です。わたしの場合は、もともと大好きなつけ麺や、友だちや家族との会食以外は、食事にそれほどこだわりがありません。

ただ、おいしいものは大好きなので食事自体の優先度は高いのですが、節約生活を通じて、高級なものや派手な食材でなくとも、お手頃価格のものや素朴な食材で十分おいしいと気づくことができました。

ふゆこの節約「冷凍弁当」の例

イワシの生姜焼き＋大豆水煮＆ミックス野菜

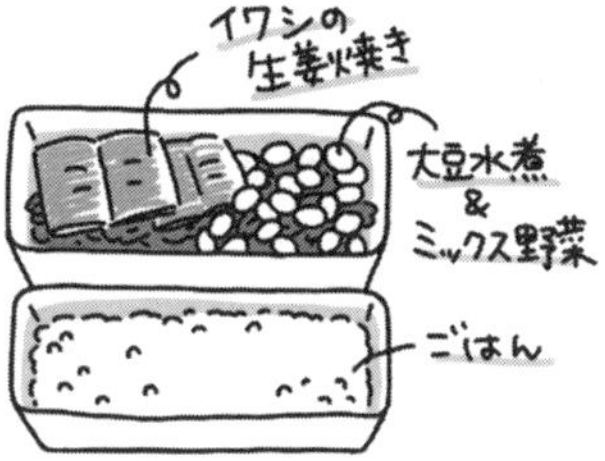

カレー缶×ミックス野菜

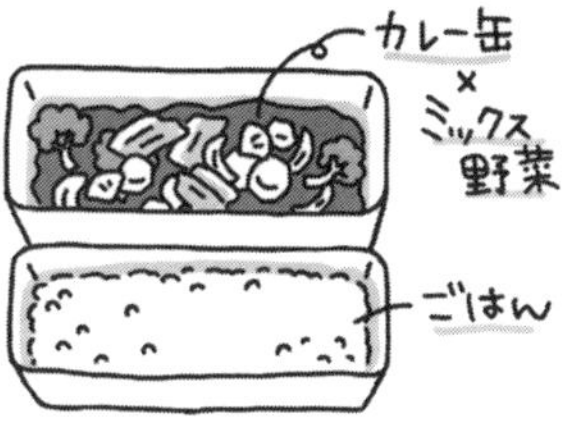

寝ぼけて米ではなく大豆水煮を入れたお弁当

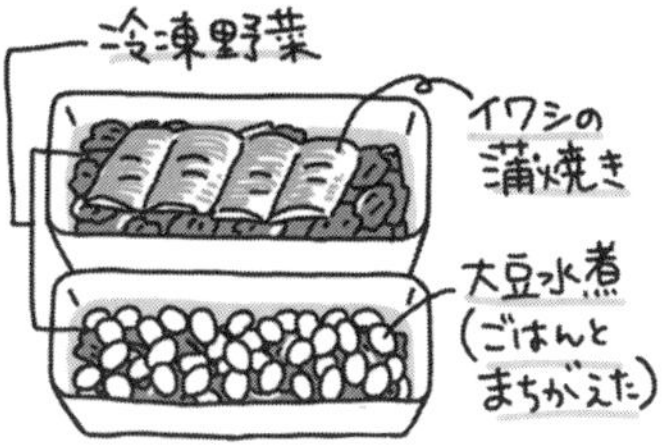

食費を減らしたぶん、大好きなオンラインゲームや、将来のための貯金や投資にお金を使えるようにもなりました。

「食事にはもっとお金や手間ひまをかけたい」という食事の優先度が高い人は、食費以外の部分でできる節約を実践していけばいいでしょう。

④無駄遣いの見える化「浪費日記」をつける

③で紹介した1カ月・1万円の食生活は、わたしのベースになっていますが、これ以外に食費をまったく使わないのかというと、そんなことはありません。

なにかを頑張った日は、ちょっと特別なお菓子が食べたくなることもありますし、気分転換のために、月1というルール外のところで外食をしたくなることもあります。

すべての欲望を抑え込んでしまうと、逆にストレスが溜まって、節約生活の妨げになってしまうかもしれません。とっておきの日にお金を使うことは、日々の生活に彩りを与えるためにも、そして節約生活を長く続けていくためにも必要なものだと考えます。

予定外の出費をするときに大切なのは、「浪費を自覚すること」です。自覚がないと、「今日だけ」だったはずの出費が明日も明後日も続いてしまい、気づいたら浪費メンタルに逆戻りをしてしまうからです。

浪費を自覚するためにおすすめなのは、**カレンダーに浪費を記録する「浪費日記」をつけること**。

日記といっても細かいものではなく、スマートフォンのカレンダーアプリ、あるいは使っている手帳やカレンダーなどに、買い物をした日付に品名と金額を記録するだけでOKです。

「毎日必ず見るカレンダーに記録する」のがポイントです。

1カ月に必要な食費を決めたら、それ以外の食に関する出費は、すべて浪費です。食費以外では、洋服、アクセサリー、雑貨など「買わなくても生活ができるもの」も浪費にあたるので、忘れずにメモします。

お伝えしてきた「自分軸と優先順位」の観点は人によって違うので、なににお金をかけるのかによって、浪費の捉え方は変わってくるところもあると思いますが、ここでは一番わかりやすい分け方でお話をします。

貯金メンタルが身につくまでは、「これはずっとほしかったものだ」と思うような買い物でも、価格がいくら安いものであっても、生活必需品以外は浪費として記録していくほうが、自分のお金の使い方が見えやすくなるでしょう。

これを記録していくと、あとからカレンダーを見たときに、「今週はお菓子をこんなに買った」とか、「今月はいらないものを買い過ぎたな」などと、浪費を一瞬で把握できます。浪費を視覚化することで、「自制心が働く」という効果が期待できるというわけです。

自制心なくして節約生活を続けることはできないので、こうした「見える化」はとても大切です。浪費日記を習慣にすることで、どんどん貯金メンタルを育てることができるはずです。

⑤「浪費予算」を決めて引き算で生活する

カレンダーへの浪費記録は、いわば加算式で浪費を確認する方法です。

逆に、**毎週・毎月の「浪費予算」を決めて、引き算で浪費を管理する**方法も効果的だと思います。

例えば、手取りの収入が20万円で、固定費の合計が10万円なら、毎月の残り予算は10万円です。そのうち、「毎月4万円を貯金しよう」と決めたのなら、変動費は残りの6万円でやりくりする必要があります。

この6万円のなかで、勘定科目ごとに具体的な予算を設定します。

〈6万円の変動費の予算設定例〉

- 食費………1万5000円
- 日用品費………5000円
- 交際費（飲み会や会食など）………2万円
- 娯楽費（映画やゲームなど）………1万円
- 雑費（これ以外の出費）………1万円

このようにざっくり決めておいて、支出があれば引き算で記録していくと「今月はあとどれだけ使えるのか」を意識することができるはずです。

手計算とメモでやっていくと面倒で大変なので、**わたしのおすすめは家計簿アプリの予算機能の活用**です。そういった機能がないアプリもありますが、１２８ページで紹介した「マネーフォワードＭＥ」には予算機能があるので、とても重宝しています。

また、**勘定科目ごとの予算を立てると、「自分はどんなことにもっとお金を使いたいか」という自分軸が見えてきます**。「交際費を少し減らして、娯楽費（ゲーム）に多く使いたい」など、節約を強化する部分と、お金をかけたい部分が見えるようになります。

⑥「ほしいもの放置リスト」で物欲をクールダウン

節約生活を継続していくうえでのポイントは、「本当にほしいものは買う」ことです。

節約というと、「とにかくすべてを我慢する」というイメージがあるかもしれませんが、わたしはそうではなく、「不必要なものを買わないこと」だと考えています。「節約ができる」＝「効率的で満足度の高い浪費ができる」ことでもあると思います。節約習慣が身につくと、**自分の好きなこと（お金を使いたいこと）に優先順位をつけ、優先度が高いものにお金を使っていくことができる**のです。

本当にほしいものまで我慢してしまっては、ストレスが溜まり、いわゆるクオリティ・オブ・ライフ（生活の質）が低下してしまいますし、人生そのものがつまらなくなってしまうでしょう。

だからわたしは、**「自分が本当に必要だと思っているのなら、値段が張るものであっても買おう」**と思っています。自分の趣味であるゲームやマンガにはしっかりお金をかけますし、節約や投資の勉強のための書籍も頻繁に買っています。

それ以外でも、家電、洋服、ガジェット（タブレット、イヤホン、モバイルバッテリーなどの電子機器小物）、話題のお菓子なども、本当にほしいという気持ちがあれば買います。

「本当にほしいのか」という基準になるのが、自分軸と優先順位ですが、ふだんの買い物のなかでは、どうしても迷ってしまったり、判断を間違えて不要なものを買ってしまったりすることがあります。

そこで使えるテクニックが、**「ほしいものをリスト化して放置する」**ことです。

〈「本当にほしい？」チェックの手順〉

- 「ほしい！」と思ったら、「ほしいものリスト」に記録する

⬅

- そのまま、1週間くらいほったらかしにする

⬅

- 1週間後にリストを見て、「やっぱりわたしには必要だ！」と思うなら即購入

⬅

- 「別にほしくないかも」と思ったものはリストから削除する

この方法は、たくさんの節約本やYouTubeなどでも紹介されているのですが、最初は正直、「そんなにうまくいくのかな？」と疑っていました。

でも、実際にやってみたら、「衝動的な感情や欲望に振り回されないための、基本行動にしたほうがいいかもしれない」と素直に思えたのです。

「アンガーマネジメント」という、対人関係における怒りのコントロール術で有名なテクニックに、「ムカっとしたら6秒置いてから言葉を発する」というものがあります。6秒経てば、怒りは自然に収まるので冷静な対応ができるのです。

それと同じで、**衝動的な「ほしい」という感情もまた、時間を置けば静まります**。

わたしは特に、この衝動的な「ほしい！」に弱く、かつて衝動買いばかりしていたときは、その瞬間は本気で「これがほしい！　わたしにとって必要だ！」と思っていたのに、時間が経つと「あれ？　これは買わなくてもよかったものかも……」と後悔の念に襲われていました。

「ほしい」という欲望が高まっているときは、一種のパニック状態に陥っているようなものです。ですから、「ほしい・ほしくない」「買う・買わない」という感情から、距離を置くようにしています。**瞬間的に燃えあがった欲望を落ち着かせてから、要不要を冷静に判断すればいい**でしょう。

例えば以前に、SABON（イスラエル発のコスメブランド）の店頭でスクラブ洗顔料を試して、「これはとてもいい！　ほしい！」と思ったことがありました。でも、5000円くらいする、わたしにとっては高価なものでしたし、その洗顔料を使わなければ生活に困るわけでもありません。

絶対に必要なものではないので、いちど店を出てリストに記録しました。後日、あらためてリストを見返すと、試用したときの香りのよさや幸福感が強くよみがえってきたので、「あ、これはわたしの生活の質を高めるために必要だ」と思って買いに行きました。

逆に、3000円くらいするかわいいスマホケースをネットで見つけて「ほし

い！」と思い、リストに書いたのですが、後日見返してみると、あまりピンとこず、リストから削除したこともありました。「これに3000円を使うなら、大好きなつけ麺（1杯1000円）を3杯食べたほうが幸せだな」と思えたのです（72ページの「つけ麺置き換え法」を参照）。

些細なことですが、**すぐに買わずに時間を置くことで「本当にほしいもの・必要なもの」に優先順位をつけることができ、浪費を減らす習慣づくり**に役立ちます。

Amazonや楽天市場などのネットショップであれば、「ほしいものリスト」や「お気に入り」などの機能があるので、すぐに購入せずそこに登録しておくといいでしょう。

個人的な感覚としては、ほしいものリストに入れた時点で、欲望の半分は消化されている気がします。

⑦水分補給の出費ゼロ化計画

浪費をしていた頃のわたしは、会社にある自動販売機で、1日3本ほどドリンクを買っていました。エナジードリンクや甘い缶コーヒーなどを買うことが多く、仕事の活力を注入しているような気分に浸っていたのです。

1缶あたり150円くらいだとしても、1日450円×5日×4週間だと1カ月に9000円、年間だとなんと10万8000円の大きな出費です。

自動販売機で飲み物を買うことに価値を感じているというのではなく、「なんとなくの習慣」で出費をしているだけなので、とてももったいないお金の使い方です。

同様の習慣のある人は、コンビニ通いの話と同様に、とにかく1週間でも2週間でも、「自動販売機に足を運ばない」ということをやってみてください。

自動販売機に行くことが仕事中のリフレッシュになっているという場合もあるかも

しれませんが、休憩をするときは自販機のないところでストレッチをしたり、外の空気を吸ったりするなど、**代わりとなるリフレッシュ方法を考えて習慣化する**といいと思います。また、わたしのように1日に何本も買っていて、一気に全部やめるのはつらいという場合は、とりあえず**「1日1本だけにする」などのルールを決める**のもいいでしょう。

給茶機がある職場であれば、水分補給は実質タダでできますが、わたしの職場には残念ながら設置されていなかったので、水筒作戦を実施しました。

毎朝自宅で水、お茶、コーヒーなどを水筒に入れて持参することで、自動販売機での出費をゼロにすることができました。

しばらくのあいだ自販機のドリンクから離れてみると、「糖分でリフレッシュ！」というつもりで買っていたけれど、別に飲まなくても大丈夫だな」と思えるようになりました。

もともとコーヒーが好きだったので缶コーヒーを飲むようになったのですが、自販機のコーヒーは正直、そんなにおいしいわけではありません。

自宅で淹れたコーヒーのほうが断然おいしいですし、**水筒でおいしいコーヒーを持参するようになったことで、以前よりも仕事中の気分転換ができるようになり**もなりました。

また、浮いたお金でちょっといいコーヒー豆を買うことができ、一層おいしいコーヒーが飲めるようになったのも嬉しい効果でした。

そもそも糖分は、1日3食の食事で炭水化物を摂っていれば十分だという説もあります。また、よくいわれていることですが、市販のジュースや清涼飲料水などには多量の糖分が含まれているため、1日に何本も飲んでいると糖分の摂り過ぎになり、体に悪影響を与えてしまう可能性もあります。

わたしは医師でも管理栄養士でもないので、それらの知識は本で学んだ受け売りに過ぎません。でも、そのような知識を身につけると、なおさら自販機で浪費をすることに意味を感じなくなるので、節約にはやはり知識が大切だと実感します。

水筒生活のネックは、「帰宅後に洗うのがめんどくさい」ということでしょう。わたしはちょうど食洗機を手に入れたことで、その壁をなんとか越えることができましたが、食洗機を持っていない人や今後も買う予定のない人は、別のやり方で飲み物代を節約できると思います。

例えば、缶コーヒーやペットボトルも、スーパーやネットショップでケース買いをすれば、自販機で買うよりもかなり安い値段で購入することができます。

また、職場に電気ポットや給湯機がある場合は、インスタントコーヒーやティーバッグなどをスーパーで購入して持参すれば、これもまた飲み物代の節約につながります。いずれにしても、**自販機で飲み物を買うのは一番もったいない行為**なので、少しでも出費を抑えられる方法を試してみてください。

⑧飲み会や外食は「ルール化」で無理なく減らす

社会生活を営むにはコミュニケーションを欠かすことができないので、「人づきあい」は重要です。だからといって、飲み会、会食、カラオケ、ゴルフなど、誘われるままになんでもかんでも参加していたら、お金はどんどん消えていきます。

人づきあいにおいても、自分軸や人生の価値観に沿って、消費の優先順位を決めることが大切です。

例えば、「自分の人生において、人との交流やつながりがなにより大事」という確固たるポリシーがあって、飲み会も遊びも積極的に参加したいのなら、それは支出の優先順位を上位にして、ほかのことで節約を図っていくべきでしょう。

一方、飲み会や遊びが家計を圧迫していて、「ただ惰性で参加しているな」とか、「断りづらくて参加しているだけかも」ということであれば、それらは節約を考えるべきでしょう。

できるだけ飲み会には参加したいけれど、支出もある程度抑えたいのであれば、「飲み会は月に○回まで」とルール化するのが効果的です。**自分で制限を設けてルール化し、「断る理由をつくる」**のです。

飲み会以外でもそうなのですが、わたしは**自分が「90点以上だ」と思ったこと以外はやらない**ようにしています。これは、グレッグ・マキューン著『エッセンシャル思考 最少の時間で成果を最大にする』（かんき出版）に書かれていた「90点ルール」を取り入れたものです。

その本では、ものごとを「よい」か「それ以外」で判断し、「悪くない」という曖昧な選択肢は思い切って捨てるという思考を紹介しています。

選択肢を100点満点で評価し、90点未満の選択肢はすべて0点とするのです。

「人づきあいに点数をつけるのは、人としてどうなのか？」とも思いますが、かといって、どこかで「（飲み会に）行く・行かない」の線引きをしないと、金銭的にも時間的にも収拾がつきません。

わたしは、「必要だ」「不要だ」という定性的な評価方法ではなく、「90点以上かどうか」という定量的な評価を行うことで（主観的な点数ではあるのですが）、明確な線引きをすることができるようになりました。

自分のなかで「90点以上」と思える場であれば、きっとお金と時間をかけて行く価値があるはずなので、そういう会には積極的に参加すればいいでしょう。

もちろん、その理由をそのまま相手に伝えると、角が立つこともあるので、断る理由はうまく考えたほうがいいとは思います。


このルール化は、飲み会以外の外食費を節約するのにも役立つ方法です。

わたしも節約の初期段階では、ルール化で外食やコンビニに行く回数を少しずつ減らしていました。

それまで週に何回も外食していた人が、「もう行かない」「月にいちどだけ！」と極端なルール化をすると、ストレスになるだけです。スモールステップで段階を踏んで頻度を減らしていくことをおすすめします。

例えば、週5でほぼ毎日外食をしているのなら、「週3に減らしてみる」「週5のまま価格帯を抑える」など、いくつか小さな目標を立てて、ひとつずつクリアしていきましょう。

目標を達成するたびに、「ちょっといいアイスを買う」など、小さなご褒美を自分に与えると、モチベーションを維持しやすくなります。

飲み会や会食のルール化もストレスになりそうな場合は、同様のテクニックで少しずつ自分を慣れさせていってください。

⑨生活用品は「ふるさと納税」でお得にゲット

ふるさと納税とは、故郷や応援したい自治体に寄付ができる制度です。手続きをすると、寄付金のうち2000円を超える部分については、所得税、住民税の還付・控除が受けられます。返礼品がもらえて節税にもなるという、かなりお得な制度なのです。

ふるさと納税は、ここ数年ですっかり定着してきましたが、「地場の特産品をもらえる制度」だと思い込んでいませんか？　もちろん、おいしい肉、魚、フルーツなども魅力的ですが、**実は、生活用品を返礼品にしている自治体もたくさんあり、節約にかなり役立ちます**。

以下は、わたしがふるさと納税で手に入れた生活用品の例です。

●トイレットペーパー（静岡県富士宮市）
●ティッシュペーパー（静岡県富士宮市）
●洗濯用洗剤（千葉県市原市）
●食洗機用洗剤（福岡県嘉麻市）
●ハンドソープ（福岡県北九州市）
●タオル（大阪府泉南市）　など

静岡県富士宮市は大王製紙の「エリエール」の工場がある街として知られています。このほか、王子製紙の工場がある北海道苫小牧市など地元に製紙工場がある自治体で、特産品としてトイレットペーパーやティッシュペーパーが用意されています。

洗剤など、そのほかの生活用品も関連工場がある自治体が多いようです。キッチン用品や化粧品なども、ほとんどの生活用品はふるさと納税で手に入れることができます。

「ふるさと納税で生活用品をもらっても、なんだかテンションが上がらないな」と思うかもしれませんが、いやいや、そんなことはありません。

生活用品のふるさと納税返礼品の例

返礼品	一般的な価格例	ふるさと納税金額
ティッシュペーパー 60箱	¥4,700	¥15,000
トイレットペーパー 64ロール	¥4,200	¥15,000

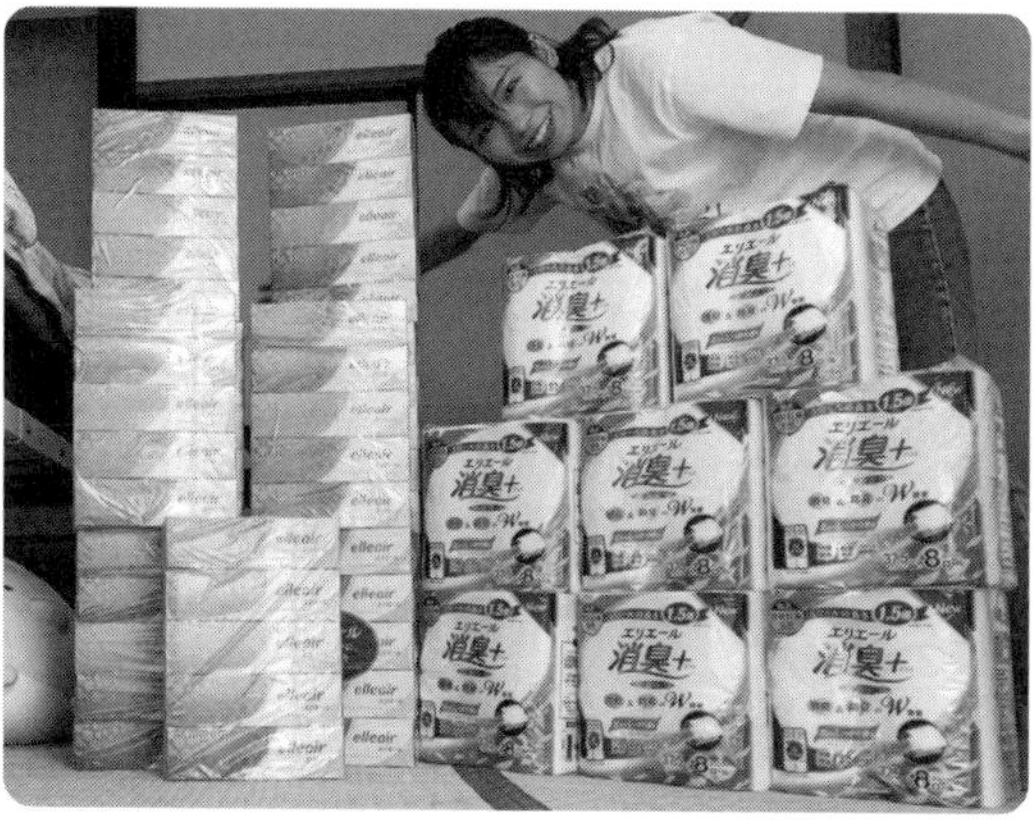
elleair
エリエール
消臭+

実質2000円で、8900円相当の
ティッシュペーパーやトイレットペーパーが！
このほか、洗濯洗剤や食器洗剤も
大量ゲットしました。

生活用品は、想像以上にテンションが爆上がりします。前ページの写真を見てください。どうですか？　この量ですよ？　なかなかない光景で、非日常体験です。

ふるさと納税では、納税金額分から2000円を差し引いた金額が翌年の住民税・所得税から差し引かれます。つまり、ふるさと納税3万円分に対して**合計で8900円（4700円＋4200円）相当の大量のティッシュペーパーやトイレットペーパーが、実質負担額2000円でもらえた**ということです。

ティッシュペーパー60箱とトイレットペーパー64ロール！　自分ひとりなら、1年は確実、2年近く持つような量です。

ただし、**ふるさと納税は年収や世帯構成に応じて寄付上限額が決まっています**。例えば会社員で「年収400万円」「独身」「扶養家族なし」なら、寄付上限額は約4万2000円です。その金額までのふるさと納税なら、実質負担は2000円で済みます。しかし、上限を超えて、例えば6万円分をふるさと納税してしまうと、差額の約1万8000円分は翌年の住民税・所得税から差し引かれ

ふるさと納税の仕組み

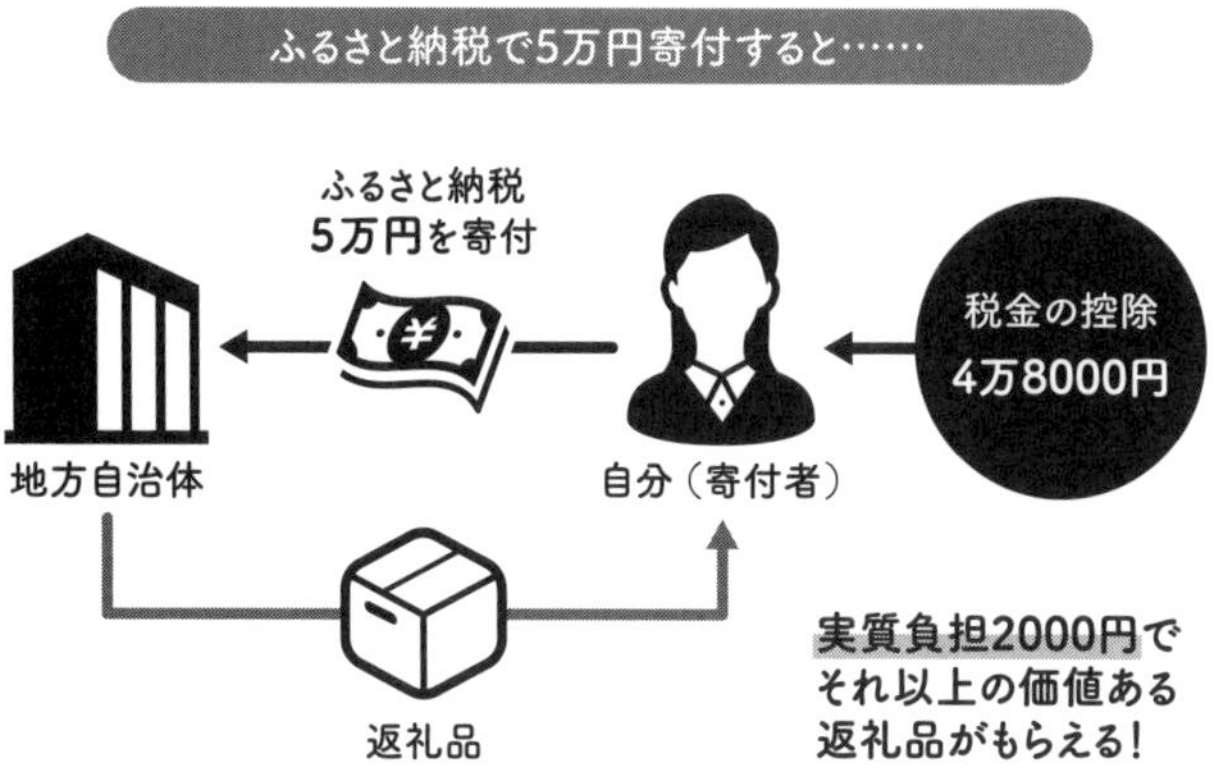
ふるさと納税で5万円寄付すると……
ふるさと納税
5万円を寄付
地方自治体
自分（寄付者）
税金の控除
4万8000円
返礼品
実質負担2000円で
それ以上の価値ある
返礼品がもらえる！

ないので、実質負担が２０００円＋１万８０００円＝約２万円になってしまいます。

これでは、トータルで損をしてしまう可能性が高いので、**寄付上限額には必ず注意**しましょう。

ふるさと納税のサイトはたくさんあり、サイトによって取り扱う返礼品の数や、使い勝手のよさも異なります。そのなかで、わたしが利用しているのは「楽天ふるさと納税」。**このサイトを選んだ理由は、「楽天ポイントの還元」**です。

「ポイ活」の一環として、楽天経済圏に特化してポイントを貯め、ポイントを使用しているというわけです。ふるさと納税でもポイント還元されるのは、ちょっと意外で嬉しくありませんか？

わたしの場合、2019年に4万4000円相当のふるさと納税を行った結果として、「2000円の実質負担」と「楽天ポイント2300円分の還元」があったので、**「実質負担ゼロ」どころか、300円もらったうえで返礼品をいただく**ことができました。かなりお得で節約にもなりますので、ぜひ活用してください。

SAVING MONEY

「健康」にはお金に代えられない価値がある

節約生活において、一番に気をつけるポイントは「健康」です。

どんなに生活費を削っても、**必要な食事や栄養の確保、医療費など、生きるために必要な支出まで削ってはいけない**ことを、みなさんに声を大にしてお伝えしたいと思います。

172ページで食費の節約についてお伝えしましたが、わたしは素人なりに**生活に必要な栄養について学び、それを満たせる範囲で節約をしています。**

でも、もしかしたら、わたしが知識不足なだけで、毎日のパフォーマンスやメンタル、あるいは長い目で見た健康寿命を保つために欠けているものもあるかもしれません。

そんなことがないよう、自分の健康状態には気を配りますし、これからも栄養や健康については継続的に学び続けていくつもりです。

むしろ、高額なサプリメントを買うくらいなら、毎日の食事のなかでしっかり栄養を摂取していけるように調整していこうと思っています。

また、**医療費が高いからといって、「病院に行かない」という無謀な節約**

はしてはいけません。病気の初期症状や体調不良をそのままにして、深刻な病気に至ってしまうと、お金では取り返しがつきません。いうまでもなく、高額な医療費がかかってしまう可能性もあります。

「自分にとって、なにが本当に大切か」を考えることが節約のスタートであり、節約の過程のなかでも考え続けてほしいことです。そうすることで、**「自分自身の健康」がなにより大切なものである**と気づけるでしょう。

わたしは節約生活をはじめてから、以前よりも間違いなく健康意識が高まりました。趣味でボルダリングをはじめたこともそうですし、歯科クリニックの定期検診にもしっかり通うようになりました。

歯の健康状態は、なかなか自覚しにくいのがやっかいですが、長く健康に生きるうえで歯の健康は非常に大切です。虫歯であれば歯に痛みが走るのですぐ気づけるのですが、恐ろしいのは「歯周病」です。

厚生労働省の調査によれば、45歳以上の過半数が「歯ぐきに4㎜以上の歯周ポケットがある」という歯周病の症状が出ているそうです（「平成28年歯科疾患実態調査の概要」）。

歯と歯茎のあいだの歯周ポケットで症状が進むため、目に見えません。歯の根本を溶かし歯茎を弱らせるような症状が進めば、歯がポロッと抜け落ちてしまいますが、その段階に至っても痛みはほとんどないそうです。

そんなふうに歯の状態が悪くなれば、差し歯やインプラントが必要になり高額な医療費がかかります。また、歯の健康状態は精神的なストレスや、全身の疾患とも関係しているといわれます。病気の予防という意味では、「歯を大切にする」ことも節約生活の一環といえます。

医師や専門家ではないので詳しい説明は控えますが、学びになる健康書やYouTubeはたくさん存在します。節約生活は長期的な営みですから、**ずっと元気な心身を保つための勉強も、併せて行うこと**をおすすめします。

第5章

お金を貯める選択肢と手段を増やす【投資・副業編】

節約＋投資で「安心」が生まれる

第5章に入るにあたり、あらためてわたしの節約生活の流れを振り返ります。

25歳（２０１８年）のときは貯金が40万円、基本年収は３５０万円でした。ブラック気味の会社勤務のため、毎日残業続き。そのうえ、奨学金の借金約４５０万円が重たくのしかかっていました。

２０１８年10月に節約に目覚め、26歳（２０１９年）で転職を機に「貯金メンタル」にチェンジし、**節約1年目の2019年に250万円の貯金に成功！**

2年目となる2020年以降は、年間300万円の貯金を継続してきました。約4年後の2022年には、29歳で資産1000万円を突破しました。

26歳のときに、奨学金を返済しながら250万円の貯金ができたことで、わたしには自信が生まれました。徹底した節約をはじめて初年度で250万円、翌年には300万円も貯金できたのだから、単純な足し算で10年後には貯金が3000万円を超えます。35年後には1億円に達し、その頃わたしは還暦を過ぎ、セカンドライフの処し方を考える年齢に差し掛かります。

「ああ、本当によかった。こうやって節約を継続していけば、お金に不安を感じることなく、幸せな一生を送ることができる」と思えたのです。

でも、人生はそんなに平坦ではありません。将来結婚して、もし子どもができれば生活も支出も激変します。仕事だって年収は増えるかもしれないけれど、会社の業績によっては下がったり、はたまた会社がなくなったりするかもしれない。予期せぬ天変地異に巻き込まれるかもしれない。

あるいは、不慮の事故や病気で、仕事ができなくなり収入を絶たれるかもしれません。だから、**自分の労働力や生活環境とは別のところでお金を生む、「不労所得」が必要**です。

なお、この章でお伝えする投資や金融商品についてのお話は、あくまでも「わたしがやってきた個人の経験」をベースにしており、「これなら確実に利益が出る」というものではありません。投資をはじめる際には最新の情報を確認し、ご自身の判断、責任のもとで行っていただくようお願いします。

次のページにある図は、資産1000万円に至るまでの経過を資産推移で表したグラフです。転職し、節約を開始した年から、貯まったお金（現金）で投資をはじめました。少しずつ投資信託や株式を買い続け、資産における現金比率を下げ、投資（金融商品）の割合をどんどん増やしていきました。**資産1000万円を突破した29歳の段階で、投資額は約800万円にまで増加しました。**

その時点で投資によって得た利益は、約150万円。節約だけでなく並行して投資を行ったことで、わずか3年のあいだにそれなりに大きな利益を得ることができました。そしてその利益は、直近の目標としていた「20代のうちに1000万円」の達成にも大きく貢献してくれたのです。

資産1000万円達成までの資産推移

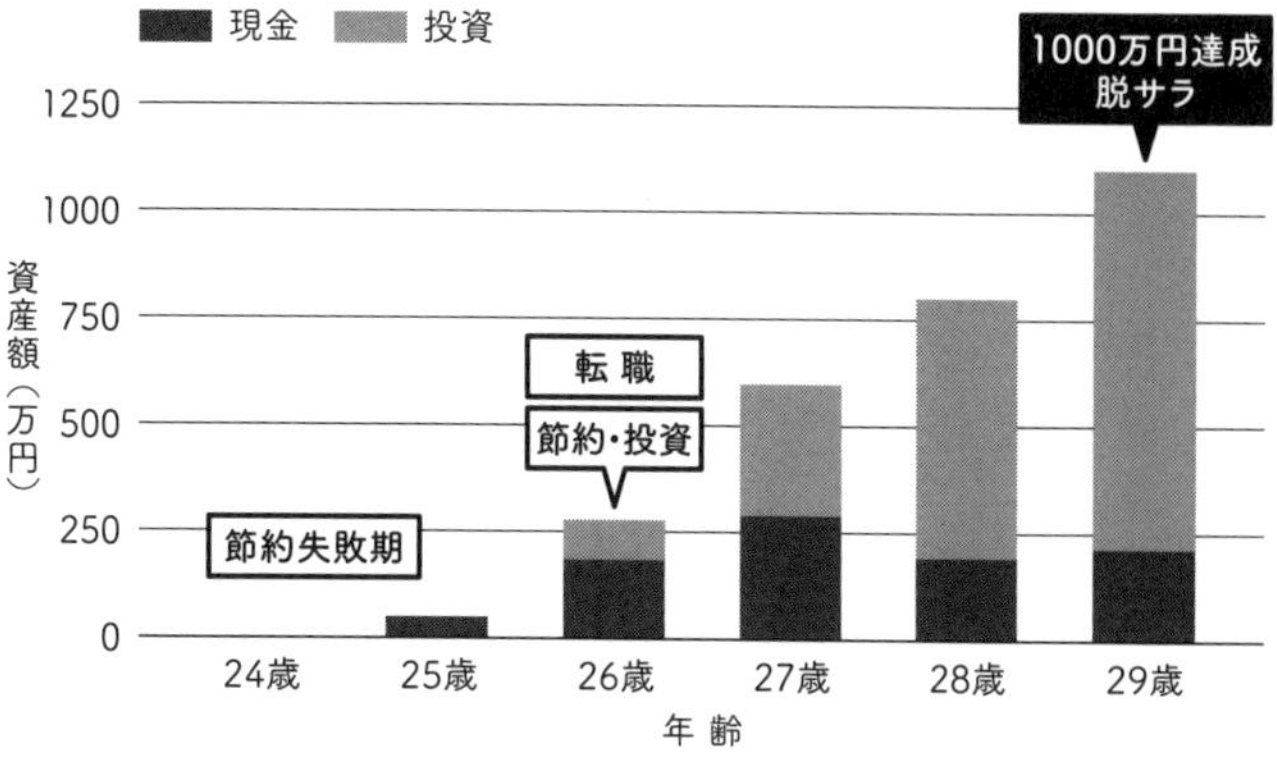

現金
投資
1000万円達成
脱サラ
1250
1000
750
500
250
0
資産額（万円）
転職
節約・投資
節約失敗期
24歳
25歳
26歳
27歳
28歳
29歳
年齢

「お金の不安を取り除こう」と思うなら、まずは「節約」による支出の引き締めが欠かせませんが、資産形成をブーストアップし、さらなる安心を得るためには「投資」が必要になります。

わたしが目指しているFIREのかたちもまた、ただ現金による貯金がたくさんある状態ではなく、投資によって資産が増えていく状態を築くものです。

ここでは、節約によって貯めた貯金を「投資資金」とし、みなさんが投資に乗り出す際の参考としていただけるよう、わたしの経験をお伝えしたいと思います。

SAVING MONEY

米国ETFでFIREが身近になった

はずかしながら、わたしは株式投資について自分でちゃんと勉強するまで、ちんぷんかんぷんでほとんど知識がありませんでした。

浪費をしていた頃にも、周囲がやっているからという理由で「つみたてNISA」だけははじめていましたが、仕事が忙しくてお金の勉強もできておらず、自分がどんな株式を買ったのかもよくわかっていなかったのです。

転職を機に、節約や投資の勉強を開始して、まず「SPYD」というアメリカの高配当株ETFを3200円（当時の1株あたりの価格）で10株ほど買いました。

「インデックス投資」という言葉も、「SPYD」の特徴や強みも、最初はよくわかっていませんでした。しかし、実際に買ってみたことをきっかけに、徐々に理解していったのです。

ここでは詳細な説明は省きますが、**「ETF」とは、簡単にいえば投資信託の一種**です。投資信託とは、わたしたちが投資したお金を証券会社のファンドマネージャーが運用し、成果を投資家に分配してくれる金融商品です。

ETFとは、取引所に上場している投資信託のことです。ETFには、例えば「日経平均株価」や「TOPIX」などの株価指数の動きに連動して成果を目指すインデックス型と、連動対象指数のないアクティブ型の2種類があります。

日経平均株価に連動するETFなら、**株価が上がればETFの価値も上がり、売却すれば利益になります。逆に株価が下がればETFの価値も下がり、売却すれば損失が生じる**こともあるわけです。

わたしが買った「SPYD」は、日本ではなくアメリカのETFです。アメリカの時価総額が高い上場企業500社（S&P500）のなかから、高配当企業に選定された企業を対象に投資が行われます。

できるだけ簡単に説明しましたが、このような話が苦手な人にとっては、難しい内容だと感じるかもしれません。わたしも勉強をはじめたばかりの頃は、商品に関する説明を読んでも「?」ばかりでした。本書は、投資に関する専門書ではないので、詳しく知りたい場合は、解説本やＹｏｕＴｕｂｅなどで少しずつ学んでいくことをおすすめします。

はじめての配当金620円がやる気に火をつけた

さて、話を戻します。なぜＥＴＦのような投資信託を買ったかというと、当時のわたしのような投資素人が、個別銘柄株（企業単体の株）を買うことは、ギャンブルに近いものだったからです。投資や個別企業に関する知識もないのに、「儲かる・儲からない」を見極められるわけがありませんよね。

でも、投資信託はプロの専門家であるファンドマネージャーが運用してくれる金融商品です。自分よりもはるかに勝率の高いプロに資金を預け運用してもらうことで、安定した利益を得られる仕組みなのです。

投資初心者のわたしにとっては、「個別銘柄株を買うよりよっぽど安定した買い物だろう」と考えてSPYDを購入しました。

翌年、SPYDは5・7ドル（日本円で620円）の配当金を生み出しました。**たったの600円少々ですが、とても感動した**のを覚えています。わたし自身はなにもしておらず労働ゼロなのに、お金が入ってきたのです。

事前に学んだことで配当金をもらえることは理解していましたが、ただ知識として知っているのと実体験するのとではまったく意味が異なります。

この配当金により一気にモチベーションが上がり、2020年の3月から8月にかけて、10万円ずつ10回くらいの頻度で高配当株ETFを中心に買い進めました。個別銘柄株（企業単体の株）は100株単位で購入するため投資額が高額になりがちですが、ETFは1株単位で買える点がメリットです。

〈2020年3月〜8月に買ったETFの例〉

- SPYD（米国高配当株ETF）
- VYM（米国高配当株ETF）
- HDV（米国高配当株ETF）

「SPYD」「VYM」「HDV」は、それぞれアメリカの株式投資におけるETFの商品名です。いずれも4％前後の高配当を目指す、少しアグレッシブなETFといっていいでしょう。

その結果、2020年にもらった配当金の総額は、268ドル（2万9206円）にもなりました。まとまった金額が入ってきたことで、あらためて投資のすごさを実感しました。

配当利回りは、だいたい4％前後なので、このまま年間300万円を貯金する節約生活を続けながら資金を投資に回し、配当金もさらに投資に回していけば……たったの15年程度で投資額は約5000万円にもなる計算です！

5000万円に対して想定される年間配当額は、配当利回り4％で計算すると約200万円。つまり、**毎月16万円程度の不労収入を手にすることができます。**

「えっ！　簡単にFIREできちゃうじゃん！　もう働かなくていいじゃん！」

想像していた以上に、夢のFIREは身近なものだったのです。

ただし、高配当を目指すETFには、当然、リスキーな側面も存在します。

例えば、SPYDはアメリカ企業の配当利回りが高い企業80社に投資をするETFですが、その80社の配当金が下がれば、予定していた配当利回りは得られませんし、株価が暴落して資産が一気に激減することも考えられます。

そこで、実際には投資の中心をETFではなく、より合理性が高いといわれているインデックスファンドを中心に組み立てていくことにしました。ここでも4％の利回りを期待できる商品を選べば、5000万円の投資に対して16万円の月収が期待できます。

ただし、インデックス投資は株価の上昇による差益で利益を得るので、下落局面では元本割れをしながら切り崩すことになり、心理的には苦痛が生じます。一方、高配当株投資は株価の差益ではなく、配当金が振り込まれることが特徴です。合理性の高いインデックス投資と心理面をカバーする高配当株投資を組み合わせることで、世界経済発展の恩恵を享受しつつ、キャッシュフローを安定させることができます。

SAVING MONEY

投資初心者におすすめなのはインデックスファンド

先に説明したように、結論として、わたしの株式投資では合理性が高いインデックスファンドを中心としたポートフォリオ（金融資産の組み合わせのこと）を組んでいます。

次ページの円グラフは、資産1000万円を達成して間もない2022年12月段階における、わたしの資産配分です。

配当利回りの高い「米国高配当株（ETF）」は全体の約18％、同じく高配当を目的とした日本の個別銘柄株も18％で、株式以外では、アメリカの国債や社債など、安全性が高いとされる債券に投資するETFにもチャレンジしています。

そのうえで、**約40％を占める投資のメインはインデックスファンド**です。

インデックスファンドとは、ある特定の株価指標（＝インデックス）に連動した運用を目指す投資信託のこと。もっとも有名で、日本でもアメリカでも人気があるのが「S＆P500」というインデックスファンドでしょう。

少しややこしいのですが、「S＆P500」自体は、アメリカに上場する代表的な財務健全企業のうち時価総額が上位の500社を対象とした株価指標のことです。上位500社であれば必ずS＆P500に入るということではなく、細かい基準があるので念のためお伝えしておきます。

つまり、「S＆P500」を冠したインデックスファンドであれば、指標どおりに

2022年12月段階の資産配分

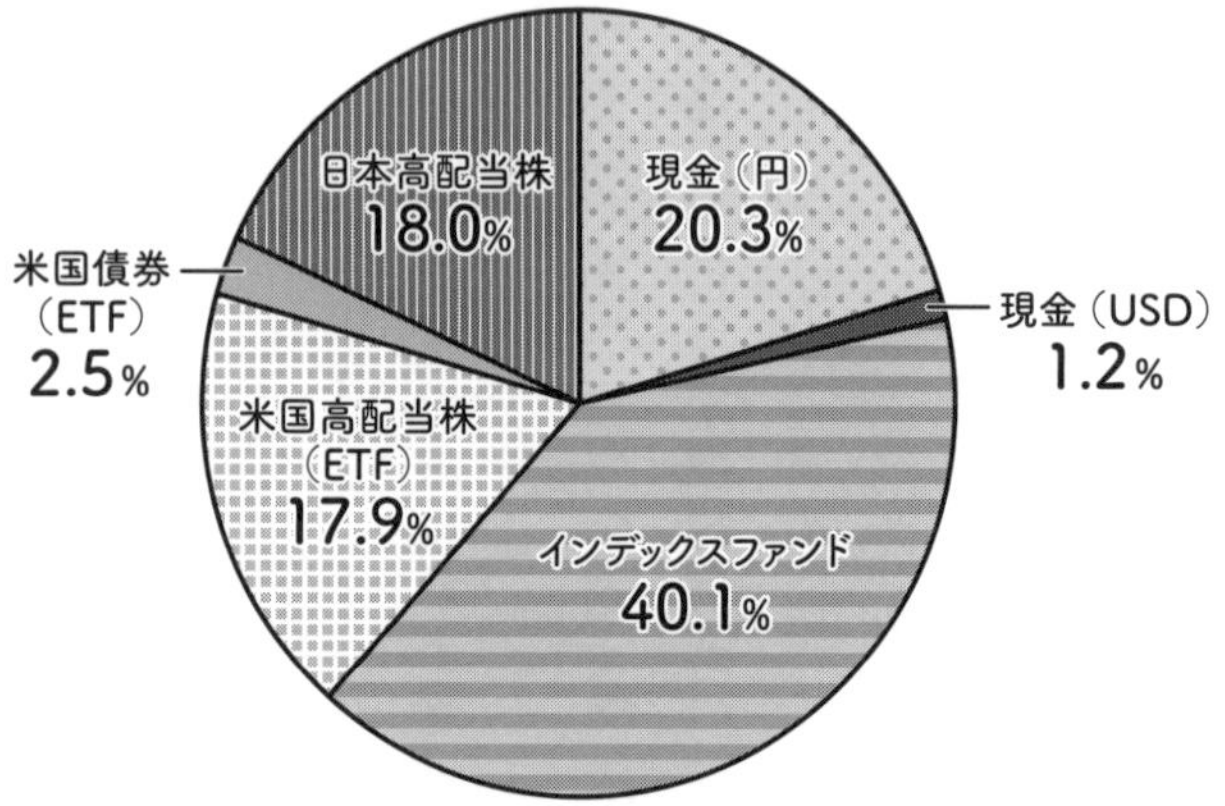

内容	金額	評価損益
現金（円）	¥2,226,976	−
現金（USD）	¥132,052	−
インデックスファンド	¥4,391,630	+¥704,068（+17.7%）
米国高配当株（ETF）	¥1,960,521	+¥433,555（+32.5%）
米国債券（ETF）	¥268,441	−¥47,807（−15.1%）
日本高配当株	¥1,968,270	+¥340,857（+20.1%）
合計	¥10,947,890	+¥1,342,536（+17.2%）

アメリカの代表的な財務健全企業のうち時価総額上位５００社を対象に投資している金融商品ということです。

ちなみに日本でも、「日経平均株価」という言葉をニュースでよく聞くと思いますが、あれも日本の株価指標（インデックス）のひとつです。

日経平均株価は、日本株すべての平均ではなく、実は日本経済新聞社が選出した取引の活発な２２５銘柄だけを対象とした株価指標です。ですから、日経平均株価（または日経２２５）の名を冠したインデックスファンドを買えば、その指標に連動した投資を行うことが可能です。

わたしの場合、インデックスファンドでは、２０２２年12月段階で２２０ページにある金融商品を保有していました。

利益はしっかり出ているものの、投資の初期段階でなにを買うべきか迷走してしまい、複雑な組み合わせ（ポートフォリオ）になってしまったことは反省点です。

2022年12月段階のインデックス投資内訳

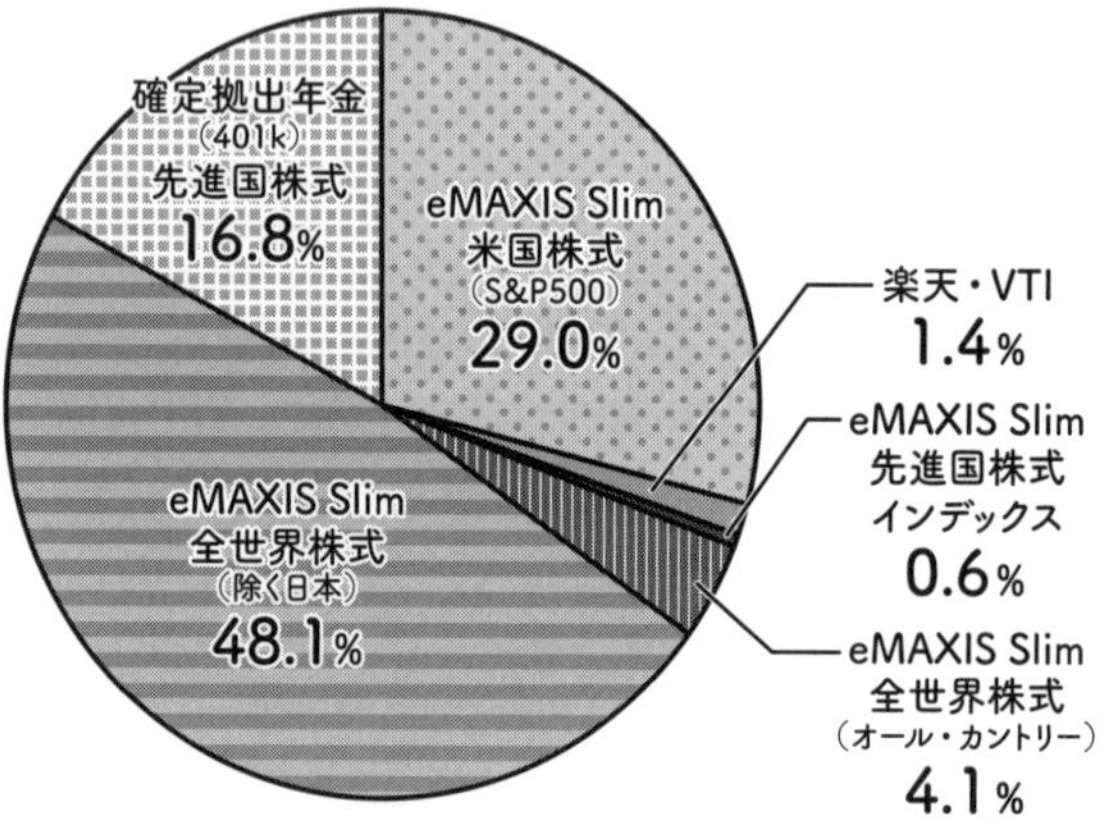

ファンド名	資産額	評価損益
eMAXIS Slim米国株式（S&P500）	¥1,274,311	＋¥445,414 （＋53.7%）
楽天・VTI	¥60,110	＋¥20,110 （＋50.28%）
eMAXIS Slim先進国株式インデックス	¥25,117	＋¥8,449 （＋50.69%）
eMAXIS Slim全世界株式（オール・カントリー）	¥179,252	＋¥57,919 （＋47.74%）
eMAXIS Slim全世界株式（除く日本）	¥2,113,125	＋¥83,125 （＋4.09%）
確定拠出年金（401k）先進国株式	¥739,715	＋¥123,001 （＋18.4%）
合 計	¥4,391,630	＋¥704,068（＋17.7%）

楽天・VTI＝楽天・全米株式インデックス・ファンド

このなかで、いまも継続的に積み立て投資を行っているのは、「eMAXIS Slim 全世界株式」だけです。その保有比率を高め、あとは、すでに投資した分を、ただ長期的に寝かせているだけの運用をしています。

では、高配当ETFなどもありながら、なぜこの「eMAXIS Slim 全世界株式」に比重を置いているかというと、**全世界の株式市場に分散投資を行っているため、リスクが低く、成長する可能性が高いと考える**からです。

その根拠は、次ページの図にあります。

主要な資産クラスの累積価値の増殖状況

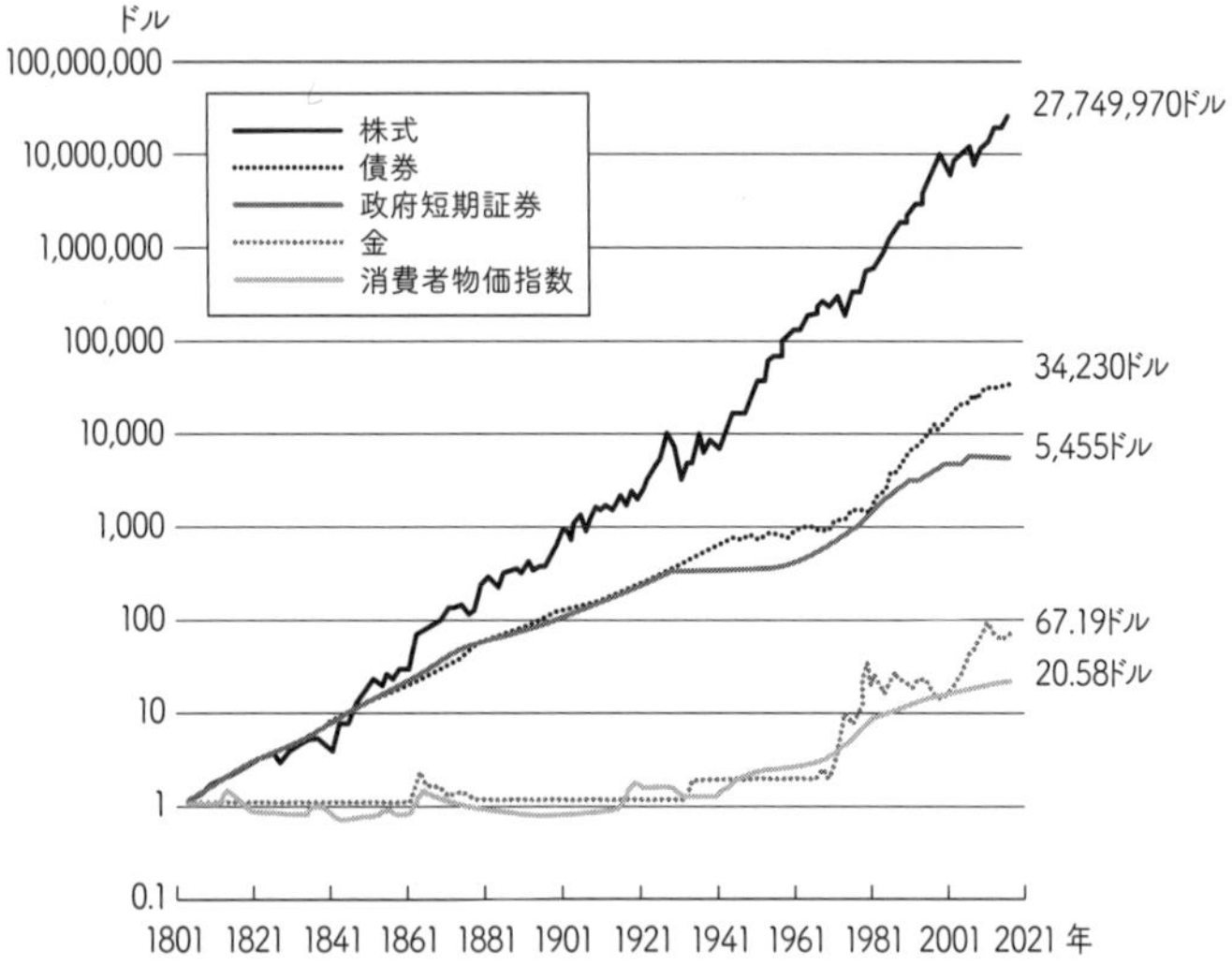

出所：バートン・マルキール著『ウォール街のランダム・ウォーカー第12版』
日本経済新聞出版社

過去200年にわたり世界経済は成長し続けている

右ページのグラフは、1801年から2021年までの約200年間、アメリカにおける各資産の価値の推移を表したものです。要は、1801年に当時の1ドルを株式、債券、金、現金にそれぞれ投資したら、200年後にいくらになっているかがわかるグラフです。

株式の場合は、**たった1ドルの投資が、2021年には2774万9970ドル**になりました。200年で約2800万倍です。

そこから見えるのは、**過去200年にわたって世界経済が成長し続けているという紛れもない事実**です。

「でも、あくまでアメリカの成長グラフでしょ？　全世界だと別の話じゃないの？」

そう思うかもしれませんが、アメリカの経済力はとても大きく、「全世界株式」でもアメリカ経済が強く影響するため、ほぼ同じものとして扱うことができます。

この200年のあいだに、世界中の人が「もう世界は終わりだ……」と思うような出来事はたくさんありました。

例を挙げれば、「世界大恐慌」（1929年）、「第二次世界大戦」（1939年）、「朝鮮戦争」（1950年）、「ベトナム戦争」（1960年代）、「オイルショック」（第一次1973年、第二次1979年）、「ITバブル崩壊」（2001年）、「アメリカ同時多発テロ事件」（2001年）、「世界金融危機」（2007年）、「コロナショック」（2019年）……。そして、2022年初頭から続く、ロシアによるウクライナ侵攻と、それに関連した世界的な物価高なども、その歴史のひとつになるのでしょう。

これら、**世界をゆるがすような事件が200年間に何度も起こり、世界の株式市場は何度も大暴落を起こしました。でも、必ず立ち直って成長し続けているのが世界経済**なのです。

そうであれば、この先もまた世界では驚くような出来事が起こり、その都度、株式市場が大暴落を起こすとしても、世界の経済は復活して成長し続け、株価は上がり続けると予測することができます。

乱暴な話に聞こえるかもしれませんが、株価の成長において、これほど確かな根拠はありません。

ある瞬間（数年以内の短期）だけ見れば、世界中の富の総量は一定で、誰かが負けたぶん、誰かが利益を得るというのが世界経済です。しかし、時間が経つにつれ世界全体の富が増え続けているのなら、世界全体になるべく広く投資をすれば勝つことができるという考え方なのです。

「株式投資」というと、多くの人が個別銘柄株への短期投資（数時間から数年程度まで）をイメージするかもしれません。

でも、それはまさに「誰かが負けたぶん、誰かが勝つ世界」に乗っかる投資方法です。誰が勝つのかを的確に予測しないと、勝つことは難しいでしょう。

ですが、**世界中に広く投資するタイプのインデックスファンドで10年、20年あるいはそれ以上の長期投資を行えば、世界の成長に乗っかることができます。**

わたしが**「初心者はインデックスファンドに投資したほうが賢明」**と考える理由はそこにあります。

「eMAXIS Slim 全世界株式」などの世界全体に投資するインデックスファンドが、まさに世界全体への投資となります。

また、**世界経済の中心は、やはりアメリカ**です。アメリカに本社を置く企業が世界中にグループ企業を持ち、各国の株式市場に上場しているわけですし、実際に「eMAXIS Slim 全世界株式」の約6割は米国株が占めています。

そのため、アメリカの主要企業約500社に投資できる「S&P500」に連動することを目指すインデックスファンドは、初心者にもおすすめの手堅い投資先であるといえるでしょう。

さて、このような話をすると、「日本のインデックスファンドは買わないほうがいいの？」という疑問が出てきます。日本人として自国の経済が発展してほしい気持ちはもちろんありますが、日本はバブル崩壊以来、ずっと日経平均株価が低迷し続けていました。

2023年になって、ようやくバブル期以来の最高値を更新しましたが、今後も「日本経済は成長し続ける！」と信じて日本経済全体に長期投資を行うかどうかは、判断が難しいところです。

個人的には「この国が伸びる」という予想はあまりあたらないと考えているため、全世界株への投資を行っています。しかし、アメリカの勢いがしばらくは続くだろうといわれていることも事実です。

「全世界株か米国株か?」については、個々の考え方や好みで決めればいいでしょう。

「つみたてNISA」で手間をかけず長期投資

本書を書いている2023年11月現在、アメリカ経済については、いずれ景気後退が訪れると予測されています。

景気の過熱によりFRB（アメリカの中央銀行）はインフレを緩和するために金利

を上げ続け、計画的に景気を後退させようとしているからです。

それならば、「アメリカのインデックスファンドは買わないほうがいいの？」と思うかもしれません。株価が安値のときに買い、高値で売って利益を得るという発想であれば、短期投資であれ長期投資であれ、いまは米国株を買わないほうが無難な時期です。

インデックスファンドにしても、いまから数十万、数百万円も一括投資をして、長期で寝かせておくのなら、景気後退後のほうが株価は安くなって利益が出やすいでしょう。

ただし、長期投資では、**長期であればあるほど、投資のタイミングによる利益の差は薄れていきます。**次のページにある図は、先進国インデックス指数における1969年12月末から2012年7月末までの約43年間のデータです。

これは先進国を前提としていますが、全世界株式や米国株式も同じ傾向にあります。

世界の株価動向指数で見た投資収益率

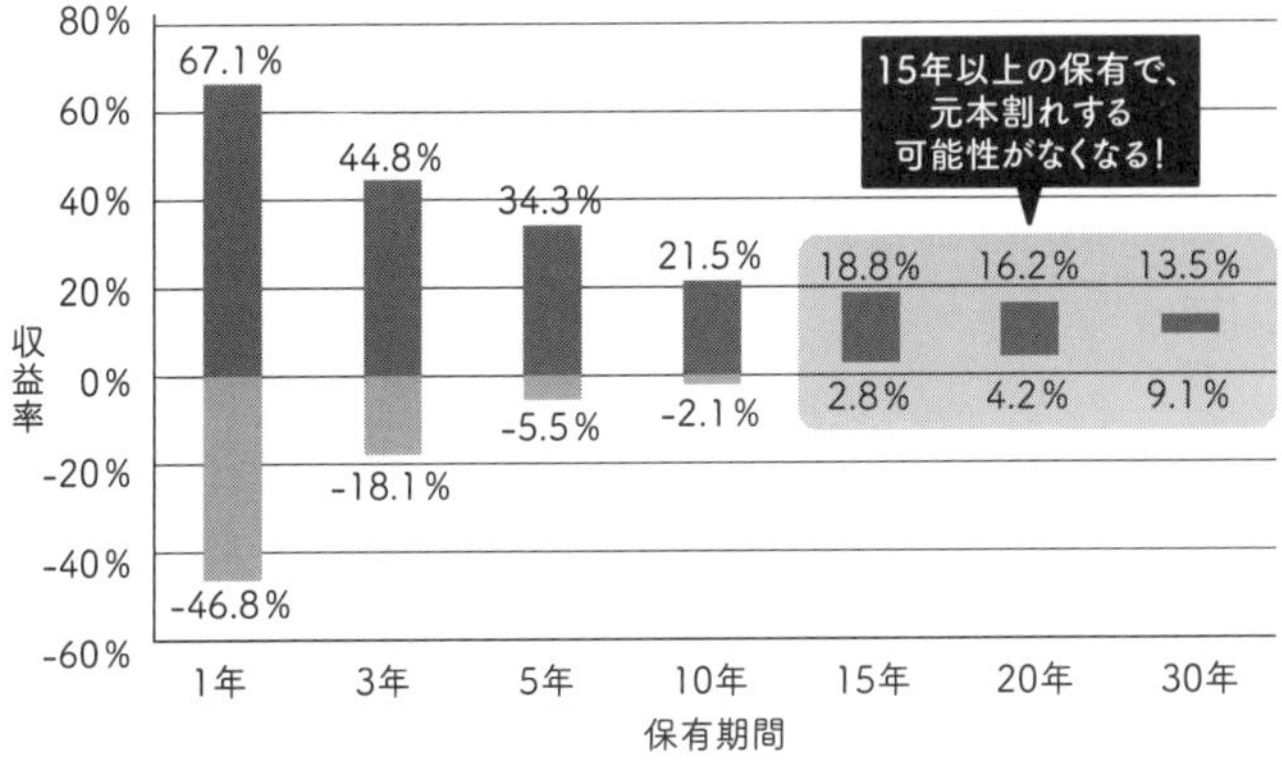

出所:Bloomberg
株価動向指数:MSCI WORLD INDEX
(米ドルベース、税引前配当込み、1969年12月末~2012年7月末の月次データより計算)

一番左はインデックスファンドの先進国株を、その約43年間のどこかで「1年保有」した場合のリターンの幅を表しています。最悪のタイミングで投資したならマイナス46・8％の大損で、最高のタイミングなら67・1％の利益を得られたということです。それが、**保有年数が長くなるにつれ、損失と利益の幅が小さくなり、15年保有では最悪のタイミングでも年リターンがマイナスにならなかった**のが見て取れます。

つまり、過去のデータどおりの未来が訪れるとするならば、**先進国インデックスファンドは、どのタイミングで投資をしても15年間保有すれば損をしない**ということになります。さらに30年も保有すれば、最高でも13・5％、最低でも9・1％の利益が出ていて、投資のタイミングによる差がほとんどありません。

なお、チャールズ・エリスが書いた『敗者のゲーム』（日本経済新聞出版）という世界100万部突破の投資の名著には、以下のように書かれています。

15年間のプロのマネジャーの成績を見ると、90％はインデックス投資に及ばない。さらに、勝っているマネジャーの成績も時間とともに確実に低

下する。このため、儲けようとしてアクティブに売買すると、「敗者のゲーム」となる。（『敗者のゲーム』より引用）

インデックス以上の成績を目指すアクティブ投資で、インデックス以上のリターンを得られるのは、プロのファンドマネージャーでも1割以下。つまり、投資初心者がタイミングを読んで儲けようとしても、「結局インデックスを持ち続けるだけの長期投資にはほぼ勝てない」という事実があります。

要するに、**長期投資をするなら、自分で個別銘柄株を買うより、インデックス投資に任せるのが最強**と考えられるということです。

そこで、**インデックスファンドへの投資でおすすめしたいのは、一括投資や不定期の追加投資ではなく、毎月少額で投資を行う長期の積立投資**です。積立投資における最大の利点は、買いはじめるタイミングをあまり気にしなくていい点です。

例えば、いまから毎月5万円ずつインデックスファンドに積立投資をしていった場合、株価が全体的に下がり、しばらく投資利益はマイナスになる可能性があります。

でも、**10年以上の長期投資での積み立てなら、株価の急落はあまり関係ありません。急落後も積み立て続けるので取得額は平均化されていきますし、世界の経済成長が続けば、長期的には株価は回復する**と考えられます。

長期の積立投資は、先のグラフに表れていたような、これから株価が上がるベストなタイミングと、下がってしまう最悪のタイミングの両方を抱え込んでいきます。そのうえで、積み立ての年数が長ければ長いほど、マイナスになる可能性は低くなっていくということです。

投資をする以上、株式や経済の勉強をしたほうがいいのは間違いありませんが、**初心者の方がまずやってみようと思ったときには、インデックスファンドの長期積立投資が取り組みやすい**と思います。

制度を知り賢く活用することで お金の不安から身を守る

さらに、その投資を「つみたてＮＩＳＡ」で行えば、利益に対して税金を支払わずに資産形成を進めることができます。

「つみたてＮＩＳＡ」とは、２０１８年１月より開始された、特に少額からの長期・積立・分散投資を支援するための非課税制度です。少額から毎月コツコツ、長期での資産形成を目指すための制度といえます。

現在の「つみたてＮＩＳＡ」では、購入できるインデックスファンドの投資額の上限が年間40万円のため、最大で毎月３万３３３３円とそこまで高くはありません。

しかし、**２０２４年１月からスタートする「新ＮＩＳＡ制度」では、年間の上限額がなんと３倍の１２０万円に見直されます。**20年間の長期投資で見ると、毎月７万５０００円までの投資が可能になります（生涯投資上限額が１８００万円と規定されているため、単純にこれまでの３倍にはならない点に注意が必要です）。

新NISA制度の概要

	現行		移行 → 新NISA	
	つみたてNISA	一般NISA	つみたて投資枠	成長投資枠
	併用不可		併用可能	
対象年齢	18歳以上		18歳以上	
投資可能期間	2023年末で買付終了		2024年～（恒久化）	
非課税保有期間	20年間	5年間	無期限	
年間投資枠	40万円	120万円	120万円	240万円
非課税保有限度（総枠）	800万円	600万円	生涯投資上限額 1800万円	うち1200万円
投資商品	つみたてNISA対象ファンド	株式投資信託	つみたてNISA対象ファンド	株式投資信託の一部
投資方法	積 立	一括・積立	積 立	一括・積立
売却枠の再利用	不 可		可 能	

新NISA制度の
「つみたて投資枠」を活用すれば、
インデックス投資や
その他の対象投資商品が
総額1800万円まで
利益が非課税になるよ！

まずは節約生活で投資資金――つまり〝種銭〟をつくり、新NISA制度における上限額までインデックスファンドの長期積立をすることを目指すのが、いい目標になると思います。

また、従来のNISA制度は、積み立ての場合、2042年までの投資を対象とする制限がありました。しかし、「新NISA制度」では期間が撤廃され、恒久化されます。生涯投資総額の上限はあるものの、より長期の投資ができるようになり、大きな資産を得るチャンスが広がっています。

このほか、非課税でのインデックスファンド長期積立投資では「iDeCo（イデコ）」の併用も効果的です。

「iDeCo」とは、公的年金（国民年金・厚生年金）にプラスして、給付を受けられる私的年金制度のひとつです。公的年金と異なり、加入は任意。預金や投資信託など自分が選んだ商品で運用したあと、掛金とその運用益との合計額をもとに年金または一時金で受け取ることができます。

ただし、こちらは60歳まで資産を引き出すことができないため、年齢が若ければ若いほど資金拘束される時間が長い（＝引き出せない）点に注意が必要です。

ただ、先にも説明したように、インデックス投資は長期の運用になるほどリターンがプラスに収束していく傾向があります。逆に、投資期間が3年程度のような短期間では、マイナスになる可能性も十分にあります。そう考えると、60歳まで引き出せないiDeCoは、一時の不安感に左右されずに確実な長期投資ができるためおすすめといえるでしょう。

ただし、若いうちは貯金もあまりなく、収入も少ないため、投資への定期的な支出が日常生活への圧迫となりかねません。節約は大事ですが、自分の人生において大切なことにもお金を使えなくなってしまっては本末転倒です。

みなさんの**いまの年齢や資産計画、目標に合わせてベストな選択をしてください。**

いま、日本政府がNISAを拡大する背景には、岸田内閣が掲げる「資産所得倍増プラン」という政策があります。これは簡単にいえば、国民に投資を促しお金を循環させることで企業を成長させ、同時に国民の金融資産も増やしながら、日本経済を成長させようという考え方です。

このNISAのような制度を、活用する人はしっかり活用して資産を増やしています。その結果、「国民の家計が潤っている」と政府がみなせば、あまり考えたくはありませんが、増税がさらに進むことも考えられます。

でも、そのときにNISAもなにも活用せず投資もしないでいたら、いまより家計が苦しくなることはあきらかです。

これはもちろん、政治学者でも経済学者でもない素人のわたしの推測ですが、**「将来のリスク」を想像し、それに対してできる限りの準備をすることは、お金の不安から身を守るために大切なこと**であると考えます。

SAVING MONEY

投資では「リスク許容度」と「生活防衛資金」を重視する

投資に関して、最後にもっとも大切な「大前提」をお伝えします。
それは、**「リスク許容度」に沿った投資を行い、「生活防衛資金」を確保することです。**リスク許容度とは、「投資した資産が、どれくらいまでならマイナスになっても耐えられるか？」ということです。

インデックス投資が長期的には右肩上がりなのは事実なのですが、下落はしばしば起こります。1980年～2019年のデータでは、20％以上の下落であれば、おおよそ5年に1回起きていますので、インデックスで15年以上の長期投資を行う場合、この程度の下落は3回以上起こっても、なにもショッキングな出来事ではなく、むし

1980年代～2010年代の世界の株価

年	弱気相場	最大下落率
1980年代	20カ月	－28％
1980年代	2カ月	－24％
1990年代	8カ月	－26％
1990年代	2カ月	－21％
2000年代	30カ月	－51％
2000年代	16カ月	－60％
2010年代	5カ月	－24％
2010年代	8カ月	－20％
平 均	11カ月	－32％

出所：バンガード・インベストメンツ・ジャパン

「弱気相場」とは株価が20％以上も下落した相場のこと。そんなときに急にお金が必要になっても、インデックス投資の資産も減っているから売れば損をする状態に。こんなときに売却しなくて済むよう、リスク許容度を踏まえた投資をしておこう！
過去40年の弱気相場の期間は平均11カ月、最長30カ月も続いたことがあるんだね。

ろあたりまえだと思っておいたほうがいいでしょう。

リーマンショックのとき、なんとS&P500の下落率は56・8%でした。

となれば、仮に今後もっと酷い下落が起きるとして、「例えば株価が70%下落しても、自分は耐えられるか？」と考えて投資額を決めましょう。

これが、「自分のリスク許容度を考えて投資をする」ということです。

例えば、次のような人がいたとして、

- 貯金額100万円
- 投資額100万円
- 資産額200万円

70%暴落すれば、

- 貯金額100万円
- 投資額30万円
- 資産額130万円

となります。
この下落に耐えられるかどうかは個々の状況によると思いますが、あなただったらどうでしょうか？　この投資商品を保有し続けられるでしょうか？

長期投資の場合、こういった局面で売却せず保有しているだけのほうが、成績がいいことが多いというデータが出ています。つまり、下落局面であせって「損をしたくない」と思って売買をした結果、保有していただけの人より損をしてしまう可能性が高まるというわけです。

初心者でもやりやすく、もっとも合理的な投資は「優良な米国株または全世界株への長期投資」とされています。
しかし、もちろん途中で下落するという可能性もあります。つまり、下落時に売却しない決断ができるように、自分のリスク許容度を考えて、**「暴落しても耐えられるだけの金額を投資する」**ということが大事なのです。

こんなふうに、**リスク許容度を超えた投資をしないことは株式投資を行ううえで基本中の基本**です。余裕のない投資をしてしまうと、株価が下落して元本が目減りしたときに投資した資産を売却することになり、最悪の場合、生活そのものが立ち行かなくなってしまいます。

また、投資をはじめる際には、**「生活防衛資金」をしっかり残したうえで行うことが必須**です。生活防衛資金とは、日常生活で不測の事態に見舞われたときのために用意しておくべきお金のことです。

例えば、急に会社が倒産した場合、あなたがまだ若くて3カ月もあれば再就職ができると想定できるのなら、ひとまず3カ月分の生活費が生活防衛資金となります。でも、ある程度の年齢を重ねていて、再就職までに半年以上かかるという見込みなら、少なくとも6カ月分の蓄えが必要です。

株式会社ビズリーチの調査（2020年3月実施）によると、年代別で見た場合、年齢が高いほうが転職までに時間を要することが多いようです。「1カ月〜3カ月未満」と回答した20代は46・2%だったのに対し、50代では27・7%にとどまりました。

そのほか、急な病気やケガで入院が必要になった場合、自営業であれば無収入になりかねませんし、医療費だってかかります。

生活防衛資金は、一般的に自分や家族の生活費の3カ月～6カ月分を用意しておくのが望ましいとされています。

話を戻しますが、「70%のマイナスなんて、メンタルも生活も耐えられないよ！投資は怖いな、やっぱり現金を貯めよう……」と思った人もいるでしょう。

しかし、現金だって安心できません。**インフレになってしまえば、金額そのものは同じでも、お金の価値は下がる**からです。経済が成長すれば物価は上がっていくものですから、経済成長と連動して価値が高まる投資は大切なのです。

ここまでにおける、わたしが考える株式投資の要点をまとめます。

- **インフレ対策として投資は必要**
- **投資のなかでも、もっとも再現性があって合理的といわれているのがインデックス投資**

●将来、過去データよりも悪い結果になったとしても、インデックス投資はコストが低い傾向にある

過去のデータどおりの未来になると仮定すると、インデックス投資がもっとも合理的であり、仮に過去データよりも酷い暴落が訪れたとしても、コストが低いインデックス投資であれば、コストが高い他の投資よりもダメージを小さくできる可能性が高いということになります。

つまり、あらゆるリスクを考慮したうえでも、**現在のところは「低コストでできる、長期でのインデックス投資」における期待値が高い**と判断することができると考えます。

ただ、気に留めておいてほしいこともあります。

つみたてＮＩＳＡに関するネット記事などでは、「複利効果で資産が雪だるま式に増える」といったことがアピールされています。そのため、一部では「買ったら増えるんでしょ？」というお手軽な雰囲気が蔓延し、リスク許容度以上の投資をしてしまう風潮が高まっているとも感じているのです。

しかし、実際にリターンを出すには長期保有が大前提で、お金に困って短期で売ろうとすれば、資産がマイナスになることだってある――。リスク許容度を踏み越えることはもちろんのこと、生活防衛資金まで投資につぎ込んでしまうことのないように、くれぐれも注意してください。

SAVING MONEY

フリマサイトで「いらないもの」をお金に換える

大金に化けるかどうかは持っているものによりますが、フリマサイトで不用品を売ってみるのも貯金や投資のいい資金調達になります。

本書では、「貯金メンタル」をお伝えしてきましたが、**「本当にほしいものしか買わない」「いらないものは買わない」というマインドを持っていれば、**

「**いらないものを手放す」ことも容易にできる**と思います。

実は、「ものを捨てる」という行為でも、快楽の源であるドーパミン（43ページ参照）は分泌されるといわれています。

押し入れや棚を占拠していたものを整理してすっきりさせ、さらにはフリマサイトで売り払って、お金に換わって幸せ！　その気持ちを、達成感や快感に変えていくことがポイントです。

まずは、軽い気持ちで第一歩を踏み出してみることをおすすめします。

自分の経験からいえますが、意外と「こんなもの買ってくれる人なんていないんじゃない？」というものが売れるからです。

「なんでもいいから、いらないものを探してとりあえずフリマサイトに出してみる」の精神でいいと思います。

わたしも試しに、いただきもので未使用だったタンブラーや、使わなくなったゲーム機といった生活用品を5点ほど出してみたのですが、なんだかんだと約8万円の収入を得られました。

「売ってしまうのはもったいない」「いずれ使うかもしれない」、そんなふうに思うかもしれません。

以前は、わたしもそう思っていました。

でも、「このまま使わずに部屋に置いておくよりも、必要としている誰かに使ってもらえるほうがいいんじゃないか？」という考え方をすることで、すっきりと手放すことができました。

実際に売れてくれると、ものがお金に換わる喜びが押し寄せてきて、「あれもこれも売ってみよう！」という気持ちになり、節約や投資のモチベーションが一気に上がること間違いなしです。

SAVING MONEY

副業は「新しい適性」を見つけるチャンスになる

みなさんは、いまの仕事に「自分の適性」を感じていますか？　転職や異動などによって複数の職種・職場を経験された人なら、意外なところで自分の適性に気づいた、ということもあるかもしれません。

わたし自身、会社勤めをしていた頃は、エンジニア職として開発に携わる仕事をしていましたが、数年後に自分がブログやＹｏｕＴｕｂｅを副業にするだけでなく、本業にしてしまうなどまったく想像できませんでした。

最初に就職した会社で大きなストレスを抱えたことが、のちに様々な副業にチャレンジする起爆剤となりましたが、もともとプレゼンは大の苦手で、自分の声や話し方が武器になるとはまったく考えてもいませんでした。いや、武器どころか、YouTubeのような場所に出るレベルではないと思っていました。

どちらかというと〝陰キャ〟の自覚があったので、まさか自分がYouTuberになるなんて考えたことすらなかったのです。

この経験を経てよくわかったのは、人は誰しも、**思いもよらないところに自分の適性がある**ということ。

みなさんも、もし多少の時間を捻出《ねんしゅつ》できるのであれば、副業に乗り出してみることをおすすめします。節約をして余剰金をつくって投資に回すだけでなく、副業で収入を増やすことができれば、貯金も投資も拡大・加速させることができます。

そして、お金を得るだけでなく、自分の新しい可能性を見つけ、広げる機会にもなり得ます。

副業をはじめるにあたり注意したいのは、**自宅でインターネットを使ってで**

きるような副業は、多くが「レッドオーシャン」といわれる競合過多の状態だということです。

わたしも、せどり、ライター、プログラミング、ブログ、YouTubeなど、いろいろな副業を検討しましたが、同じジャンルで稼ごうとしている人は無数にいます。

つまり、ライバルが多いのです。

ただ、実際にやってみて実感したこともあります。

それは、**「ほとんどの人は、中途半端なところでやめてしまう」**ということ。

インターネットを使うような副業は参入が多いこともあり、成功するためのノウハウがある程度、固まっています。**本やYouTubeで、実際に成功した先人がノウハウを提供してくれている**のです。

なかには、そのノウハウを情報商材として高額で販売する人もいるようですが、そこには一切手を出さなくていいでしょう。なぜなら、**無料で提供されているノウハウを徹底するだけで、月に5万円程度なら誰にでも稼げる**と思うからです。

先に挙げた、せどり、ライター、プログラミング、ブログ、ＹｏｕＴｕｂｅなどは定番ともいえる副業ですが、「まるで稼げない……」と嘆いている人が山のようにいます。

もちろん、稼ぐことは簡単ではありませんが、**ＹｏｕＴｕｂｅ上などで無料で提供されているノウハウすら、わたしの体感では99％の人が実践しきれていない**。だから、稼げるレベルまで到達できないのではないかと思うのです。

「すぐに」「簡単に」お金を稼げる方法はないと心得る

例えば、ブログはなにもしなければＷＥＢ上の日記帳のような存在ですが、Ｇｏｏｇｌｅアドセンスというシステムを活用することで、自分のブログを訪れた読者が広告を見たり、クリックしたりするたびにブログ主が広告収入を得られるコンテンツビジネスに変わります。

これも、10本くらい記事を書いただけで「儲からない」「自分に向いていない」といってあきらめてしまう人が大半だと思います。５００本書いて一銭も儲からないというなら同情しますが、さすがに10本であきらめてしまうのは早過ぎますし、もったいないと感じます。**そんな状態では、自分の適性がわかる段階には到達できていません。**

みなさんが本業としている仕事も、「ちょっとやってみたらすぐにできるようになった」なんてことは、ほとんどないでしょう。時間をかけて継続し、コツコツと取り組んだからこそ、スキルとして身についていくわけです。

それは、副業だって同じこと。**「すぐに」「簡単に」お金を稼げるようになる、なんてことはあり得ません。**

これは、**みなさんにとっての〝新規ビジネス〟なので、収益化にはそれなりの準備、労力、時間が必要**なのです。Plan（計画）→Do（実行）→Check（検証）→Action（改善）の「PDCAサイクル」ができるまでには、失敗と挫折を重ねて収益性を改善していくプロセスが欠かせません。

わたしもブログをはじめた頃は、とにかく頻繁に更新していましたが、最初にビギ

節約オタクふゆこの副業略歴

時期	副業の状況
2019年10月	ブログ副業開始
2020年1月	ブログ収益1万円（初収益）が出たが、その後は軌道に乗らず無収益が続く。サーバー代月900円、ブログデザイン代1万5000円がかかったため、トータルでは赤字に
2021年2月	YouTube開始
2022年3月	YouTube収益化、13万円の利益（初収益）

ナースラックのような1万円の収入があったものの、その後の1年間はほぼ無収入でした。なにを書いても読者がつかず、あらゆる方向性を試しまくり、悩んだり苦しんだりしながらもひたすら書き続け、2年間続けてようやく少しずつ収入を得られるようになりました。

その後はじめたYouTubeも、スタートしてからの1年間は収入ゼロです。少しずつ身につけたノウハウを実践しながら改善を繰り返し、2年目でようやく初収入を得ることができました。

あたりまえのことではありますが、**稼げるようになるためには、やはり「根気よく続けること」が必要**なのです。

節約と投資で資産1000万円を達成した2022年には、幸いにしてブログとYouTubeの副業で、月に15万円ほどの収入を得られるようになっていました。そこで、YouTubeを事業としてしっかり伸ばしていくチャンスだと思い、思いきって会社を辞め、フリーランスとして独立しました。

副業は2019年からはじめたので、事業として独立するまでに3年――。振り返れば短い時間だったとも感じますが、3年間とは新卒の社員が十分に戦力化される年数です。YouTubeも2021年にスタートしていますので、客観的に見たら「いまさら?」というかなりの後発組でしたが、おかげさまで登録者数も37・6万人(2023年11月20日現在)にまで増えて、それだけで十分に生活できるようになりました。

これから副業ビジネスをはじめようとしているみなさんも、あらゆる仕事がすでに「後発」となるでしょう。

でも、そこはあまり関係ありません。

● **先人のノウハウを徹底して愚直に実行する（すぐにオリジナリティを出そうとしない）**

● **中途半端にせず、しっかり時間と労力をかけて改善を図る**

どんな仕事であっても、このふたつのことを徹底しましょう。そうすれば、すぐにとはいいませんが、いずれ月5万円くらいの収入を得ることは十分に可能です。わたし自身がこうやってきたのですから、自信を持ってそういえます。

参入する人は多くても、ほとんどの人はこれを実践できずに競争の世界から降りていきます。ふたつのポイントを徹底し続け、そこからさらに収益を上げていこうという段階になったら、ようやく、「ほかの人がやっていないこと」を考えていけばいいでしょう。**オリジナリティを出すのは、ある程度の基盤ができてからで十分**です。

とにかく「やめないこと」が一番大事

「やらない人」や「やれない人」は、きっと、この本を読むことだってしません。

みなさんは、すでにここまでのページを読んでくださるほど「徹底できる人」「続けられる人」です。

老後資金問題などにより、投資やお金に対する関心が高まってきたとはいえ、このようなお金の本をここまでしっかり読む人は、いい意味で普通ではありません。

そういう人はきっと副業でも月5万円、10万円と利益を伸ばしていけるでしょうし、あっという間に資産1000万円もクリアしてしまうのではと、わたしは見ています。

ぜひ、新たな可能性に向けて副業にチャレンジして、成功してほしいと思います。

わたしも、ＹｏｕＴｕｂｅなどで副業や投資についての情報をこれからも発信していきますので、そちらも参考にしてもらえると嬉しいです。

最後に、くどいようですが、もういちどだけいわせてください。

「絶対に中途半端でやめない」

この考えこそが、なにより大切です。

逆にいえば、「やめさえしなければ、続けている」ことになります。

こんなわたしでも、なかなか収益が出なかった頃は、やる気が落ちてサボってしまった時期もありましたが、再開してなんとか続けたことで、いまがあります。

「月5万円を達成できるまでやめない！」

それができれば、月5万円の副業収入はきっと達成できるのです。

副業で失敗する理由は、結局「副業に過ぎないから」です。失敗しても本業があるから、副業をやめても生活はできるから、簡単にやめてしまえるのです。

でも、実際は無傷ではないですよね？「中途半端にしかできなかった自分」という結果に少なからず傷つき、自己嫌悪に陥り、自分に自信をなくしてしまうこともあるでしょう。

これはもちろん、副業でも節約でも同じことです。多くの人が「節約」という言葉をあまり好きではないのは、「貧乏くさい」とか「不景気な感じ」というイメージに起因するというより、**「自分がうまくできなかった経験があること」**だからではないでしょうか。

人は、自分ができなかったこと――まして本気で取り組めなかったことは、「たいして価値がないもの」「意味がないこと」として軽んじたくなるものです。

だから、副業も節約も、やるのであれば長期戦だと思って、とにかく「続けること」を目指しましょう。**最初からあまりスピードを出すと息切れをしてしまうかもしれないので、自分のペースで無理なく、少しずつでもやっていくことが大事**です。

また、結果をあせらず「3年～5年かかるもの」だと思っておくのがいいと思います。失敗しても、失敗だとは思わず続ければいいのです。

ただ、その過程で起こることをしっかり振り返りながら、改善だけはきっちり行っていきましょう。

それができたら、本当に素晴らしい！

3年～5年も続けられたら、ほとんどの副業ライバルたちは、そこまで継続できずに脱落していますから、成果を得られる可能性が高くなることは間違いありません。

節約であれば、3年～5年も続けていたら、あなたの「貯金メンタル」はすっかり板についています。なにもしていなかった頃に比べたら、想像もできないほどのお金が貯まっているはずです。


まずは、やってみる！

とりあえず、続けてみる！


それだけでも、いまよりもいい未来がきっと実現できます。

おわりに――貯金メンタルがもたらしてくれるもの

最後まで読んでお気づきになった人も多いと思いますが、本書では、特別なことはなにもお話ししていません。節約も、投資も、副業も、すでに多くの先人がノウハウとして伝えていたものが大半を占めています。

それを**「超凡人でも本気で実行し続けたらどうなるか」を体現し続けているのが、わたしという人間**なのだと思っています。

世の中全般の仕組みで見たら、多くのお金を得るためには、新しい発想や最先端のビジネスが求められます。

ほかの人より優れた能力・才覚だって必要とされるでしょう。

でも、**自分が豊かに生きていくために必要なお金なら、意外と手元に転がっているのです。それを掘り出すのが、「節約」**です。

「人よりたくさん稼げるようになること」は、なかなか簡単ではありませんが、「人よりお金を使わないこと」は努力次第で誰にだってできます。

たびたびお伝えしてきたように、「自分はなにを大切にして生きていきたいのか」という自分軸を持つことさえできれば、我慢という感覚すらなくなり、本当にほしいモノやコトだけに、お金や時間を使えるようになっていくはずです。

わたし自身も、資産1000万円という目標を達成できたいま、資産3000万円を目指して奮闘している最中ですが、資産を順調に増やせているのは、「YouTuberとして成功した」からではなく、**貯金メンタルに変わったことで、「自分軸を持って生活ができている」**ことが最大の要因です。

本書が、みなさんの節約や資産構築の一助となり、より幸せな人生を歩むひとつのきっかけとなれば嬉しく思います。

最後に、本書の作成にあたっては多くの方にご支援をいただきました。

書籍の出版について全体をプロデュースしてくださった、合同会社スリップストリームの岩川悟さん。優れた構成技術で、本書の制作に携わっていただいた吉田大悟さん。そして、内容についての客観的なご意見、提案をいただいた株式会社アスコムの村上芳子さん。

浪費時代のわたしが気づくことができなかった、「節約」と「幸せ」を両立する生き方を身を以て見せてくれていた父と母。精神的援助をしてくれた、10年以上のつきあいである、弟、パートナー、友人たち。

そしてなにより、いつもＹｏｕＴｕｂｅを観てくださっている視聴者のみなさま。

みなさまのおかげで、本書を制作することができました。

ここまでお読みいただき、ありがとうございました。

2023年12月

節約オタクふゆこ

PROFILE

節約オタクふゆこ
（せつやくおたくふゆこ）

1993年2月14日生まれ、自らを「節約オタク」と称する節約・投資系YouTuber。理系の大学院修了後に開発職として電子系メーカーに就職したものの、将来のお金に対する不安を拭えなかったことがきっかけでお金について学ぶ。その後、奨学金477万円を返済しながら1カ月10万円で生活し、年間300万円を貯金、20代で資産1000万円を達成。現在は脱サラしてフリーランス。2021年から運営しているYouTubeチャンネル「節約オタクふゆこ」は日常的な節約法のほか、投資についての動画も初心者向けに配信して人気を集め、チャンネル登録者数は37万人を超える（2023年11月時点）。

参考文献

- 『新しい自分に生まれ変わる「やめる」習慣』（日本実業出版社）古川武士
- 『子どもが伸びる！ 自律神経の整え方』（きずな出版）小林弘幸
- 『自律神経にいいこと超大全』（宝島社）小林弘幸
- 『「アンコンシャス・バイアス」マネジメント 最高のリーダーは自分を信じない』（かんき出版）守屋智敬
- 『「幸せをお金で買う」5つの授業』（KADOKAWA／中経出版）エリザベス・ダン／マイケル・ノートン
- 『FIRE 最強の早期リタイア術 最速でお金から自由になれる究極メソッド』（ダイヤモンド社）クリスティー・シェン／ブライズ・リャン
- 『世界一シンプルで科学的に証明された究極の食事』（東洋経済新報社）津川友介
- 『貯金すらまともにできていませんがこの先ずっとお金に困らない方法を教えてください！』（サンクチュアリ出版）大河内薫／若林杏樹
- 『家賃は今すぐ下げられる！――家賃崩壊時代にトクする知恵』（フォレスト出版）日向咲嗣
- 『エッセンシャル思考 最少の時間で成果を最大にする』（かんき出版）グレッグ・マキューン
- 『ウォール街のランダム・ウォーカー第12版』（日本経済新聞出版社）バートン・マルキール
- 『敗者のゲーム』（日本経済新聞出版社）チャールズ・エリス

貯金はこれでつくれます
本当にお金が増える46のコツ

発行日 2024年1月2日 第1刷

著者	節約オタクふゆこ

本書プロジェクトチーム

編集統括	柿内尚文
編集担当	村上芳子
編集協力	岩川悟（合同会社スリップストリーム）、吉田大悟、横山美和
デザイン	萩原弦一郎（256）
イラスト	節約オタクふゆこ、池田奈鳳子
撮影	塚原孝顕
DTP	藤田ひかる（ユニオンワークス）
校正	鷗来堂

営業統括	丸山敏生
営業推進	増尾友裕、綱脇愛、桐山敦子、相澤いづみ、寺内未来子
販売促進	池田孝一郎、石井耕平、熊切絵理、菊山清佳、山口瑞穂、吉村寿美子、矢橋寛子、遠藤真知子、森田真紀、氏家和佳子
プロモーション	山田美恵

編集	小林英史、栗田亘、大住兼正、菊地貴広、山田吉之、大西志帆、福田麻衣
講演・マネジメント事業	斎藤和佳、志水公美
メディア開発	池田剛、中山景、中村悟志、長野太介、入江翔子
管理部	早坂裕子、生越こずえ、本間美咲
マネジメント	坂下毅
発行人	高橋克佳

発行所　株式会社アスコム

〒105-0003
東京都港区西新橋2-23-1　3東洋海事ビル
編集局　TEL：03-5425-6627
営業局　TEL：03-5425-6626　FAX：03-5425-6770

印刷・製本　株式会社光邦

© Setsuyakuotakufuyuko　株式会社アスコム
Printed in Japan ISBN 978-4-7762-1310-9

アスコムのベストセラー

ベストセラー
4万部突破

自分という壁
自分の心に振り回されない29の方法

禅僧
大愚元勝

A5判変型 定価1,540円
（本体1,400円＋税10％）

「自分の心の壁」を超えたら生きるのがずっとラクになる

長年、人の悩み・苦しみに向き合ってきた禅僧が穏やかに生きるコツを伝授！

◎あなたの幸せを邪魔するのは他人ではなく自分自身
◎「人と比べてしまうクセ」をやめるための3つの行動
◎心の中の「思い込み」と「妄想」を捨てれば悩みの9割は手放せる
◎「自分と意見が合わない人」にイライラしない考え方のコツ

お求めは書店で。お近くにない場合は、ブックサービス ☎0120-29-9625までご注文ください。
アスコム公式サイト https://www.ascom-inc.jp/からも、お求めになれます。